Gerhard Tötschinger

MÖRDER-ISCHES VENEDIG

Die dunkle Seite der Serenissima

Mit 63 Abbildungen,
Glossar und ausführlichem Register

AMALTHEA

Bildnachweis: Roberto De Nart (21), Madeleine Pichler (25, 61, 62, 111, 186), DEA/United Archives/picturedesk.com (37), Didier Descouens (51, 91, 185), Pier Luigi T. (63), Giovanni Dall'Orto (73, 126 beide), Sailko (97), Berthold Werner (101), Gerig, Uwe/Action Press/picturedesk.com (114), Bildarchiv Foto Marburg/Walter Hotz (125), Warburg (133), AKG-images/picturedesk.com (161, 163), Tony Hisgett (196), Privatarchiv des Autors, Archiv des Amalthea Verlages

Die Abbildungen auf den Seiten 135, 136 und 137 stammen aus: E. T. A. Hoffmann: Doge und Dogaressa. Mit Original-Lithographien von Ernst Huber. Verlag Paul Knepler, Wallishaussersche Buchhandlung, Wien, o. J.

Der Verlag hat alle Rechte abgeklärt. Konnten in einzelnen Fällen die Rechteinhaber der reproduzierten Bilder nicht ausfindig gemacht werden, bitten wir, dem Verlag bestehende Ansprüche zu melden.

Besuchen Sie uns im Internet unter:
www.amalthea.at

© 2014 by Amalthea Signum Verlag, Wien
Alle Rechte vorbehalten
Umschlaggestaltung: Elisabeth Pirker, OFFBEAT
Umschlagmotive: San Giorgio Maggiore © iStock.com
Herstellung und Satz: Franz Hanns
Gesetzt aus der Adobe Garamond 11,5 auf 15,5 pt
Printed in the EU
ISBN 978-3-85002-882-0

Inhalt

Vorwort … … … … … … … … … … … … … … … … … … 7

Verbrechen lohnt sich nicht · 15

Der Rumpf im Brunnen … … … … … … … … … … … … … 17
Linda Cimetta … … … … … … … … … … … … … … … 20
Schweigen ist Gold … … … … … … … … … … … … … … 24

Mord in besseren Kreisen · 27

Der Kampf um das Konto … … … … … … … … … … … … 29
Die russische Gräfin … … … … … … … … … … … … … … 33
Der Palazzo Vendramin vor Richard Wagner … … … … … 44

Gruß aus dem Jenseits · 53

Lucrezia. Ein Haus rächt sich … … … … … … … … … … … 55
Wenn das Herz spricht … … … … … … … … … … … … … 59
Il Casino degli spiriti … … … … … … … … … … … … … 64
Der Fluch der Äbtissin … … … … … … … … … … … … 75

Kampf gegen Rom · 87

Glück gehabt! Padre Paolo Sarpi … … … … … … … … … 89
Der Tote im Canal. Giordano Bruno … … … … … … … … 98

Gefahren der Politik · 105

I due Foscari 107
Totschlag aus Freude 116
Carmagnola 119
Der erste Doge 127
Der Einzige 129
Meuterei an der Lagune 139
Cornaro contra Zen 144

Varia · 151

Feinschmecker in der Renaissance 153
Das mordende Haus 158
Liebe, Tod und Reißverschluss 166
Die Geisterseher 175
Don Francesco 183

Rätsel ohne Lösung · 188

Der Kochtopf-Mord 191
Das blutige Becken 195
Der hilfsbereite Motorbootfahrer 198

Justizirrtümer · 201

Foscarini. Der Dank des Vaterlandes 203
Glück? Unglück! 206

Glossar 209
Bibliografie 211
Register 212

Vorwort

Das Titelbild dieses Buches lässt an *Wenn die Gondeln Trauer tragen* denken, einen Film nach Daphne du Mauriers Kurzgeschichte *Dreh dich nicht um*. Das ist keine schlechte Assoziation, so ist es gemeint.

Oft sind die Täter und Mittäter keine Venezianer, ja nicht einmal unbedingt Italiener. Natürlich gibt es in Italien eine umfangreiche Kriminalstatistik – zahlreiche spektakuläre Morde in allen Regionen, die zum guten Teil auf die Konten der 'Ndrangheta, der Mafia, der Cosa Nostra, der Camorra gehen.

Aber auch Eifersuchtsmorde sind zu verzeichnen, und eben immer wieder Taten, die von Ausländern begangen werden. Das trifft ganz besonders auf Venedig zu.

Auf diesen Seiten werden sich etliche Mordfälle finden, in denen Venezianer keine Rolle spielen. Die Mörder kamen immer wieder von außerhalb, aus Rom, aus Russland.

Die permanente Fluktuation von Fremden, seit Jahrhunderten, hat ihre Folgen.

Selbst ein Mordfall im gar nicht so nahen San Stino di Livenza, immerhin sechzig Kilometer von der Lagune entfernt, firmiert unter »in der Nähe von Venedig« oder »in einem Straßengraben bei Venedig«. Dort fand man die Leiche von Carmen Wieser, einer Osttirolerin, die von dem LKW-Fahrer Frank Thäder aus Sachsen-Anhalt vergewaltigt und ermordet worden war.

Oder der Fall der Cesarina Boscaro, sie kam 1908 in Vicenza zur Welt, aber ihr Schicksal vollzog sich in Venedig. Sie hatte 1929 einen Sohn zur Welt gebracht, ohne verheiratet zu sein. Das war damals noch ein gewaltiger Skandal. So übersiedelte sie nach Padua, arbeitete in einem Hotel und verdiente genug für sich und ihr Kind. Da lernte sie einen Handelsreisenden aus Prato kennen – der sich als verheiratet erwies. Schließlich verliebte sie sich in einen städtischen Beamten aus Venedig, lebte mit ihm zusammen und war endlich einmal glücklich. Das Paar plante den Hochzeitstermin, wieder einmal, sie hatten ihn schon zweimal verschoben. Da hörte Cesarina von den Nachbarn, dass ihr Bräutigam offenbar eine zweite Braut hatte. Nach einer heftigen Aussprache trennte er sich von Braut 1 und wandte sich endgültig Braut 2 zu, kurz danach heiratete er sie, ein fünfundzwanzigjähriges Mädchen.

Cesarina war schon seit Monaten vor Eifersucht krank und nun endgültig verzweifelt und tatsächlich halb irr. Sie hoffte immer noch und drängte den Untreuen zu immer neuen Aussprachen – und bei solch einer Gelegenheit nahm sie eine Pistole mit. Im Teatro Goldoni hatten sie ihre Verabredung, der frühere Bräutigam wollte nichts von ihr wissen und verschwand in der Menschenmenge.

Cesarina Boscaro schoss – und traf seine Ehefrau, tödlich. Das Gericht anerkannte die Umstände und die offen ausgebrochene Geisteskrankheit der Angeklagten, und so wurde sie 1952 nur zu achtzehn Jahren Gefängnis verurteilt.

Solche Geschichten findet man bei genauer Lektüre der Zeitungen, des *Gazzettino* und der *Gazzetta di Venezia*. Manche Fälle aber sind so geheimnisvoll, dass sie eher ins Reich der Sagen und Märchen gehören.

Dieses Reich der Sagen wurde durch eine unüberschaubare Zahl von fantasievollen Autoren erweitert. In Venedig lässt man einfach gern morden – da kommen andere, nicht minder geheimnisvolle Städte nicht mit, wie Prag im 19. Jahrhundert, Paris und Rom im späten Mittelalter, das London von Sherlock Holmes und Jack the Ripper, das mafiafrohe Palermo.

Das Angebot an tatsächlichen Untaten ist zwar an allen diesen Orten groß, doch dem Venedig der Fantasie kommt nichts gleich, da drängen sich Nicolas Remin, Richard Dübell, Daphne du Maurier, Juan Manuel de Prada, natürlich in der ersten Reihe Donna Leon – und viele andere.

Dieses Ineinander, Miteinander von Fantasie und manchmal Realität hat seine Vorfahren in den *Bocche di Leone*, den steinernen Aufforderungen zu anonymen Anzeigen. Man steckte sein Brieflein einem dieser Löwenköpfe ins Maul, dahinter lauerte schon ein Agent. Hatte der Angezeigte Pech, so wurde dieser anonymen Meldung mehr geglaubt als der eigenen Aussage. Das konnte im Venedig des Rats der Zehn schwere Folgen haben. Man landete im Gefängnis, ohne Anklage, ohne Möglichkeit der Verteidigung, ohne Anwalt, ohne einen Horizont in der Zukunft.

Und hatte man ganz besonderes Pech, so erlebte man seine letzten Lebensmomente zwischen den Säulen auf der Piazzetta, zwischen San Marco und San Teodoro, in Venexian San Todaro. Denn hier wurde hingerichtet, der Delinquent hatte den Molo im Rücken und den Uhrturm vor Augen. So machte man ihm seine letzten Minuten noch mehr bewusst, und so lebt noch heute die venezianische Redensart »Varda che te fasso veder che ora che xe« – flott übersetzt aus dem Venezianischen – ich werde dir schon zeigen, wie viel es geschlagen hat!

Der geborene wie der gelernte Venezianer geht um die beiden Säulen herum, niemals zwischen ihnen durch – denn da droht Gefahr. War ein Delinquent schon fast dem Blick zur Torre dell'Orologio ausgesetzt, so hatte er noch eine allerletzte Chance: um eine ganz bestimmte Säule des Dogenpalastes herumgehen, mit Blick zur Säule hin, aber nur auf der schmalen Basis – gelang das, so war man gerettet. Es ist niemals gelungen.

Wenn jemandem die beiden einzigen Säulen im ersten Stock des Palazzo Ducale aus rötlichem Stein auffallen, ist er auf den Spuren der Justiz – von hier wurden die Todesurteile verkündet.

Ein Bereich, in dem es um viele Mordtaten gehen könnte, wird auf den folgenden Seiten keine Erwähnung finden. Er passt nicht zwischen frivole Polizeiakten und Sagen, er ist zu real und zu tragisch. Das Ghetto erlebte eine jahrhundertelange Geschichte, es gilt als das älteste der Welt. Zwar hatten die venezianischen Juden auch immer wieder unter Repressalien zu leiden, aber gerade in den Jahren des Faschismus und Mussolinis war das nur wenig der Fall. Doch 1943 änderte sich die politische Lage mit der Republik von Salò, die deutsche Armee übernahm das Kommando, die Menschen waren nun schweren Lebensbedingungen ausgesetzt. Die Bewohner des Ghettos von Venedig wurden deportiert, wurden ermordet.

Unaufgeklärt sind immer wieder Bluttaten auch der jüngeren Vergangenheit, zum Beispiel der Kochtopf-Mord, der hier bald folgt.

Ich bin überhaupt durch einen merkwürdigen, nicht geklärten Fall auf dieses Buchthema gekommen. Ich wohnte einige Zeit am Campo Santa Maria Formosa, gegenüber der Kirche. Der Wirt der kleinen Bar an der Ecke zum Campo hatte einmal im Leben etwas Atemraubendes erlebt. Davon berichtete er immer wieder, noch mehr als dreißig Jahre nach diesem Vorfall.

Mehrere junge Mädchen, Studentinnen, pflegten bei ihm ihren Kaffee nach der Vorlesung zu trinken, zu lesen, Neuigkeiten austauschen, zu Beginn des Jahres 1944. Der Wirt war noch kein Wirt, war noch ein Schankbursche, sehr jung, und so gelang es ihm nicht, eines dieser Mädchen, von ihm ganz besonders verehrt, auf sich aufmerksam zu machen. Wäre er schon älter gewesen, hätte er sie gar nicht kennengelernt, denn dann wäre er wohl schon in einem deutschen Kriegsgefangenenlager gesessen, erklärte er stets.

An einem dieser Tage hatte er Norma noch lange verliebt nachgeblickt, als sie sich mit einer Freundin die Calle Santa Maria Formosa entlang von seinem Lokal heimbewegte. Er sah sie nicht mehr, Minuten später hörte man einen Schuss. Er lief, mit Schürze und Kochhaube, die Gasse entlang, den beiden Mädchen nach.

Norma war an der Schläfe getroffen worden, sie lag aus einer Kopfwunde blutend am Boden, die Freundin kniete neben ihr, aus den Häusern liefen die Menschen herbei. Das Mädchen starb nur Minuten später.

Der Fall wurde niemals geklärt. Eifersucht, eine Verwechslung? Das vergilbte Blatt des *Gazzettino* vom 1. März 1944, in einem Rahmen an der Wand des Lokals, kann auch keine andere Auskunft geben.

Reiche Unterstützung fand ich in meinem Freund Ruggero Tinacci, im Hauptberuf Schneidermeister und Hausbesitzer, daneben besessener Sammler lokalhistorischer Besonderheiten. Ihm gilt mein besonderer Dank.

Er war mein erster Hausherr. Damals lebten noch an die 100.000 Menschen im *Centro storico*, dem Teil der Comune, den man tatsächlich als Venedig begreift, im Gegensatz zu Mestre. Es gab noch zahlreiche Handwerker, Friseure, Milchfrauen, Gesprächspartner. Er schrieb auf, was man ihm erzählte, füllte damit mehrere dicke Schulhefte und ließ mich lesen.

Einige Schritte von dieser meiner ersten Wohnung am Campo Santa Maria Formosa entfernt steht der Palazzo Querini Stampalia mit seiner hinreißend schönen Sammlung von Bildern zu lokalen Themen, vor allem von Pietro Longhi und von Gabriele Bella. Hier danke ich sehr herzlich der Bibliothek und ihren Mitarbeitern, auch wegen der Öffnungszeiten – an fünf Tagen der Woche von 10 bis 24 Uhr!

Eine Anregung verdanke ich dem österreichischen Schriftsteller und Dichter Alexander Lernet-Holenia (1897–1976), der sich für Venedig und seine intrigenreiche Geschichte ganz besonders interessierte.

Mitten in diesen Intrigen, geheimen Verabredungen, Mordvorbereitungen standen die Dogen. Sie selbst waren immer wieder das Ziel derartiger Aktivitäten. Doch auch die mutigen oder aus Verzweiflung handelnden potenziellen Dogenmörder fanden ihren Platz in der Liste der Hinrichtungen. Dafür gab es auch ein ganz besonderes Zeremoniell.

1430, der Patrizier Andrea Contarini hatte sich zum Ziel gesetzt, Kommandeur der Marine am Golfo di Venezia zu werden, am nördlichsten Teil der Adria. Doch mehrere Senatoren, auch seine Verwandten, meinten, der Doge, Francesco Foscari, sei strikt dagegen, da gebe es keine Chance. Das brachte den Contarini derartig über alle Maßen auf, dass er sich entschloss, den Dogen zu ermorden. Er lauerte ihm im Dogenpalast auf, hatte ihm schon einen Dolch an den Hals gesetzt, da schlug ihm ein gerade dazugekommener sienesischer Gesandter die Waffe aus der Hand, die den Dogen nur ganz leicht an der Wange verletzte.

Man packte den Attentäter, warf ihn ins Gefängnis, er machte einen verwirrten Eindruck. Die rechte Hand wurde ihm abgehauen, dann henkte man ihn. Der Leichnam wurde aus den

Fenstern des Palastes auf die Piazzetta geworfen und dann verscharrt.

Wenn die eine oder andere folgende Seite zu blutrünstig erscheint, dann helfen zwei Sätze: Das italienische Sprichwort »Se non è vero, è ben trovato« und die tröstenden Worte eines Geistlichen an die weinenden Zuhörer nach seiner Predigt über ein Märtyrerleben: »Das ist doch alles so lang her, und wer weiß, ob es wahr ist.«

Manche dieser Geschichten sind mittlerweile venezianisches Gemeingut und erscheinen deshalb nicht in diesem Buch, sind sie doch längst anderswo zu finden. Andere aber kenne ich nur aus den Erzählungen meines verstorbenen Freundes Ruggero. Ihm habe ich dieses Buch gewidmet.

Verbrechen lohnt sich nicht

Der Rumpf im Brunnen

Am 14. Juni 1779 ging eine Magd zu einem Pozzo nahe der Kirche San Trovaso. Diese Pozzi – öffentliche Brunnen – sind längst alle versiegelt, mit großen Metalldeckeln abgesichert. So kann man sich weder wie einst das heutzutage ohnehin nicht zu empfehlende Wasser holen, noch können diese Brunnen ihren früheren Nebenzweck erfüllen, von dem hier die Rede sein wird.

Die Magd senkte also ihren Kübel in die Tiefe, zog an der Leine, kräftig, aber vergeblich, und beugte sich vor. Daraufhin wäre sie beinahe ihrem Kübel ins Wasser gefolgt, so sehr hatte sie sich erschreckt. Im Brunnen lag eine Leiche, oder, um genau zu sein, ein Teil einer Leiche. Sie hatte keine Beine und keinen Kopf.

Wenige Stunden danach hatte ein Bewohner des Campo Santa Margherita ein ähnliches Erlebnis. Ebenfalls im Hausbrunnen eines, jetzt längst abgerissenen, Gebäudes fand man Leichenteile, diesmal allerdings zwei Beine ohne Rumpf. Rasch erkannte die Polizei, dass sich die beiden Brunnenfunde ergänzten.

Es wurde verfügt, alle Pozzi von Venedig zu kontrollieren – noch fehlte ja der Kopf. Und tatsächlich wurde man fündig, aber nicht wieder in einem Brunnen, diesmal hatte sich der Mörder einen Nebenkanal ausgesucht, einen Rio.

Niemand konnte den Kopf erkennen. So setzte man die Leichenteile korrekt zusammen und stellte sie für einige Tage auf dem Ponte della Paglia aus, bei der Seufzerbrücke, wie man das auch mit nicht identifizierten Ertrunkenen aus der Lagune zu tun pflegte.

Doch niemand kannte den Toten. Also wurde das Begräbnis angeordnet, nur der Kopf blieb unbestattet. Er wurde einbalsamiert, in einer Polizeistelle öffentlich ausgestellt. Noch hegte man Hoffnung, jemand werde sich des Gesichts erinnern.

Aber nun bekam ein scheinbar bangloses Detail plötzlich große Wichtigkeit. Das Volk hatte die Gewohnheit, seine perückenlosen Häupter mit einem Trick zu verschönern. Der Adel, die Wohlhabenden hatten das mit ihren prächtigen Perücken nicht notwendig – weniger gut gestellte Männer hingegen drehten sich Locken mit kleinen Papierstücken. Solch ein einfacher Lockenwickler hatte das Wasser überstanden. Und er trug eine Inschrift – V. F. G. C.

Dieses Faktum wurde über die Zeitungsberichte allgemein bekannt, auch außerhalb der Lagune. Ein Zeitungsleser im nahen Este geriet in große Aufregung – er hatte die Gewohnheit, seine Briefe an den Bruder mit einer Abkürzung zu beenden, das war einst allgemein üblich. »Vostro Fratello Giovanni Cestonaro« konnte also diese Buchstabenreihe bedeuten, und dieser angeschriebene Fratello, er hieß Francesco, hatte tatsächlich schon länger nicht mehr auf Post aus Este geantwortet. Giovanni war alarmiert. Er eilte nach Venedig zur Polizei und erkannte tatsächlich den ermordeten Bruder.

Nun wusste man also seinen Namen. Die weiteren Recherchen ergaben, dass der Tote eine Frau mit zwei Kindern geheiratet hatte. Die Nachbarn munkelten von einem jungen Mann, einem Hausfreund. Auch dessen Namen fand man bald heraus, es war Sergio Fantini aus Udine. Nach anfänglichem Leugnen gab zuerst der Geliebte, dann die untreue Ehefrau alles zu. Sie hatten ihrer gemeinsamen Zukunft zuliebe den Francesco Cestonaro mithilfe von Gift ins Jenseits befördern wollen, doch er reagierte darauf

Die Piazzetta mit den Säulen von San Marco und San Todaro, 1890er Jahre

nicht. So ging der Hausfreund massiver ans Werk, erschlug den Unglücklichen und schritt dann an die Verteilung der Leichenteile, in der Hoffnung, eine Identifikation unmöglich zu machen.

Am 12. Jänner 1780 fand das Mörderduo sein Ende auf dem Schafott zwischen San Marco und Todaro.

Linda Cimetta

Diese Methode, sich einer Leiche zu entledigen, wie wir sie soeben kennengelernt haben, hat an der Lagune Tradition und ist auch in der Gegenwart lebendig.

Die folgende Begebenheit wurde und wird in der Stadt häufig erzählt, in stets anderer Form. »So war es wirklich!«, hört man, und dann gibt es eine weitere Version. Was tatsächlich geschehen ist, das hat, beruhend auf den Polizeiprotokollen, die Tageszeitung *Bellunopress* in einem Bericht vom 3. Jänner 2013 endgültig geklärt.

Die Geschichte muss man sich vor dem Hintergrund der frühen Nachkriegszeit vorstellen. Die Lebensbedingungen waren ganz anders als schon wenige Jahre später. In diese Welt des »dritten Manns« gerieten auch viele Städte und Regionen in Italien – Schwarzhandel, Schmuggel, Glücksritterei, ein unsicherer Alltag.

Linda Cimetta kam 1902 in Ceneda zur Welt, einem Teil des Städtchens Vittorio, seit dem Ersten Weltkrieg Vittorio Veneto. Sie heiratete, übersiedelte nach Belluno und betrieb dort mit ihrer Familie das Café Vittoria. Oft fuhr sie nach Venedig, wo sie im Sestiere San Marco eine Freundin hatte, Signora Gaiotti. Über sie kam sie regelmäßig an größere Mengen von amerikanischen Zigaretten, geschmuggelten Zigaretten. In Belluno verkaufte Linda die Zigaretten am Schwarzmarkt. So war es auch diesmal geplant, am 24. April 1947. Die Cimetta versorgte sich mit einem größeren Betrag, 110.000 Lire, und nahm den Zug nach Santa Lucia.

Linda Cimetta kannte nicht nur die Schmuggler, sie hatte auch

Linda Cimetta

andere Männerbekanntschaften, denn als Nebengeschäft betrieb sie die Prostitution. So lernte sie Bartolomeo Toma kennen, neununddreißig Jahre alt, aus Brindisi. Er war ein Spieler, weitgehend glücklos. Er hatte schon alles verspielt, was einmal Familienvermögen war, und lebte nun mittellos bei einer Tabakhändlerin, viele Jahre älter als er, Elisa Cudignotto. Sie hatte ihn am Dachboden ihres Hauses in der Calle della Bissa untergebracht.

Linda hatte sich in Venedig angesagt – und erschien nicht. Nach drei Tagen ging die Freundin Gaiotti zur Polizei. Dort hatte man schon seine Erfahrungen, kannte das Umfeld der Cimetta und verhaftete am 1. Mai den Toma. Er leugnete, aber nur kurz. Man fand bei ihm ein Halstuch, rot vom Blut der Linda Cimetta.

Schon am 2. Mai bekannte er die Untat, des Geldes wegen. In seiner Behausung suchte man den Leichnam, aber vergeblich. Toma gab an, er habe ihn in eine Truhe gesteckt und diese im Wasser versenkt.

Für ihn alleine wäre das kaum möglich gewesen, er hätte einen Komplizen gebraucht. Am 4. Mai gestand Toma dessen Namen – Luigi Sardi, Gondoliere, fünfundvierzig Jahre alt, wohnhaft in San Samuele. Dieser sei es auch gewesen, der Linda die tödlichen Wunden zugefügt habe.

Und weil die Leiche in der Truhe nicht gleich Platz fand, musste er ihr die Beine absägen, sagte Toma aus. Doch Sardi leugnete.

Schlussendlich gestand auch er. Die Truhe habe er nach der Tat mit der Gondel in die Nähe der Fondamenta Nove gebracht. Dort gibt es eine Stelle, die von ortskundigen Spaziergängern gemieden wird. Aber das ist eine eigene Geschichte.

Beim Palazzo Contarini dal Zaffo habe er die Truhe versenkt. Dort leben Gespenster, das weiß man. Ein Teil des Renaissancepalastes hatte sich den Ruf erworben, das *Casino degli spiriti* zu sein, ein Geisterschloss. Man hörte um Mitternacht fröhliches Lachen aus den verlassenen Mauern, konnte Feststimmung erkennen – wiedererstandene Tote schauten aus den Fenstern. Man mauerte die Fenster zu, zuerst eines, dann alle. Der Ruf blieb. Die Furcht wuchs.

Und so bot sich die Stelle für den Abschied von der Truhe geradezu an. Lang blieb sie nicht dort. Am 8. Mai verfing sich das Fischernetz des Luigi Robelli in irgendeinem Hindernis und ließ sich nicht mehr in die Höhe ziehen. Die beiden Söhne des Fischers tauchten in den Kanal, um es freizubekommen, und entdeckten die Truhe. Neugierig und hoffnungsfroh hievten sie sie mit viel Mühe an Land, freuten sich auf einen verborgenen Schatz – und fanden eine zersägte Frauenleiche. Merkwürdigerweise hatten ihr die Täter den Schmuck gelassen, Ohrclips, Ehering, einen Brillanten am Finger.

Am 11. Mai veranstaltete man eine Trauerfeier für die Tote, in der Basilica von Santi Giovanni e Paolo erschienen auch ihr Sohn, die Schwester und die venezianische Freundin. Wohl aus schlechtem Gewissen, wenn das auch nicht notwendig war, folgten der Gondel mit dem Sarg an die einhundert Gondolieri durch die Kanäle zum Bahnhof. Im Familiengrab in Ceneda fand die Ermordete ihre letzte Ruhe.

Im Juni 1947 wurden die beiden Täter zu langen Zuchthausstrafen verurteilt. Vor der Hinrichtung retteten sie die gerade in diesen Wochen geänderten Gesetze, die Abschaffung der Todesstrafe.

Dem Gondoliere Sardi wurde partieller Irrsinn bescheinigt. Er verbrachte viele Jahre in einer Heilanstalt in Reggio Emilia und kam erst 1973 aus dem Irrenhaus. 1980 wurde er wieder straffällig – er hatte ohne jedes Motiv einen Polizisten mit einem Eisenrohr erschlagen. Er plädierte auf Schuldlosigkeit, mit völlig zerrüttetem Geist starb er 1983 in der Zelle.

Schweigen ist Gold

Am Campo Manin steht das Denkmal für den hier in Venedig so genannten »letzten Dogen«, den Kurzzeit-Ministerpräsidenten der Republik der Jahre 1848/49, die Seele der Revolution, Daniele Manin. Hier hat er gewohnt.

Auch das Ehepaar Luca und Bernardina da Montenegro hat hier gewohnt, in der Corte Coppo. Seine Geschichte erzählt der venezianische Autor und profunde Kenner der Stadt Alberto Toso Fei.

1521, das Ehepaar war seit einundzwanzig Jahren verheiratet. Am 1. Mai gerieten sie in Streit, offenbar in einen sehr ausgiebigen. Bernardina zertrümmerte den Kopf ihres Gatten mit mehreren Axthieben. Den Körper versteckte sie, vergrub ihn unter einer Stiege, dabei half ihr ein Verwandter.

Ihre Unerfahrenheit in solchen Tätigkeiten wie auch ihre Vertrauensseligkeit sorgten für das Ende der Gattenmörderin.

Die ältere Tochter war zur Zeit dieses Streits im Haus gewesen und hatte so zum Teil beobachten können, was geschah. Und dann gab es noch einen Mitwisser, denn Bernardina hatte den Leichnam von einem Versteck in ein anderes bringen wollen und einen gewissen Vincenzo Zarla um Hilfe gebeten.

So ließ sich nur für kurze Zeit die Erklärung für die Abwesenheit Lucas aufrechterhalten – er sei auf einer Pilgerreise nach Loreto, also weit, südlich von Ancona.

Zarla und auch die Tochter denunzierten die Mörderin. Sie wurde festgenommen und verurteilt. Man schlug ihr die rechte

Hand ab, mit der sie die Tat begangen hatte, hängte ihr den abgehauenen Körperteil an einer Schnur um den Hals und trieb sie durch die ganze Stadt – das war die übliche Vorgangsweise für solche Fälle.

Der Gang endete zwischen den Säulen auf der Piazzetta. Dort erschlug man die Frau mit Knüppeln. Der zeitgenössische Historiker Marin Sanudo berichtet in seinen Diarii von dieser Hinrichtung. Er hat akribisch Tag für Tag Buch geführt über das Leben in Venedig vom Jänner 1496 bis zum September 1533.

Das Manin-Denkmal von Luigi Borro auf dem gleichnamigen Campo

Sanudo schreibt, Bernardina habe sich auch nach vielen Schlägen noch bewegt.

Sie wurde geviertteilt, die Reste stellte man in verschiedenen Stadtteilen zur Schau, zur Abschreckung.

Der Chronist Marin Sanudo schließt mit der Feststellung, das sei ein ganz schlimmes Verbrechen gewesen. Und dass sich bisher in der Geschichte noch keine andere geviertteilte Frau gefunden habe, Bernardina da Montenegro war die erste.

Mord in besseren Kreisen

Der Kampf
um das Konto

1965 hat das Landesgericht für Zivilrechtssachen in Wien die Entscheidung getroffen, der Jurist Dr. Theodor Rudolf Pachmann sei als Enkel Kronprinz Rudolfs und damit als Urenkel von Kaiser Franz Joseph I. anzuerkennen.

Das hatte damals ein weites Echo zur Folge – und keinerlei Konsequenzen.

Der Kronprinz soll mit einem Mitglied des Erzhauses, Erzherzogin Maria Antonia, verlobt gewesen sein. Zur Heirat sei es aber nicht gekommen, weil die Braut an einem schweren Lungenleiden erkrankt und ihr Ende abzusehen war.

Dennoch soll das junge Paar 1880 getraut worden sein – im Geheimen. Und aus dieser Ehe stammte ein Sohn, dessen Mutter nur fünf Wochen nach der Geburt starb. Um das Geheimnis auch weiterhin zu wahren, habe man das Baby einem Ehepaar Pachmann im 15. Bezirk übergeben, das es als sein eigenes Kind ausgab. Dieses Baby war Robert Pachmann, Vater von Theodor Rudolf Pachmann.

Die ganze Geschichte ist durch die Zeitungen gegangen und vor allem durch das Gerichtsurteil des Jahres 1965 der Öffentlichkeit wohlbekannt.

Der Schriftsteller Alexander Lernet-Holenia weiß noch von einem weiteren Kind des Kronprinzen, freilich einem unehelichen. Er hat dessen Lebensgeschichte bis ins Detail ausfindig gemacht, in seinem Buch *Die Geheimnisse des Hauses Österreich* beschreibt er die Umstände, und hier folgt nun eine kurze Nacherzählung – denn sie führt nach Venedig.

Der Kronprinz, schreibt der Autor, habe mehrere uneheliche Kinder gehabt.

Die Mutter eines dieser Kinder, ein Fräulein Kamner, sei mit 50 000 Gulden abgefertigt worden. Das Kind habe es mit dieser Summe im Hintergrund zu einem beträchtlichen Vermögen gebracht.

Ein Teil dieses Vermögens habe die auch finanziellen Katastrophen beider Weltkriege dank der Hilfe aus aristokratischen Kreisen überstanden. Es lag nun auf einem Nummernkonto bei der Bank von England. Inzwischen war die beinahe kaiserliche Abkunft der Grundlage dieses Vermögens weitgehend in Vergessenheit geraten.

Doch die Witwe des Kronprinzensohnes war noch am Leben und sei von einem Rechtsanwalt über Herkunft und Höhe der Summe informiert worden, der ihr auch die Nummer des Kontos angab, über das sie nun zugunsten ihres noch minderjährigen Sohnes verfügen durfte und sollte.

Leider habe sie sich aber zu einer Anlage des Großteils dieses Geldes bewegen lassen, in dem damals sehr aktuellen IOS Investment Fonds eines später gerichtsnotorischen Mannes namens Bernie Cornfeld. Damit reduzierte sich der Kontostand in London auf eine nur mehr marginale Summe, und hier beginnt die Geschichte erst so richtig.

Der junge, mittlerweile längst großjährige Herr Kamner habe sich, schreibt Lernet-Holenia, über den Wert dieses Kontos keine Illusionen gemacht und sich ebenso wenig für die Familiengeschichte interessiert, die seine Mutter ihm mitgeteilt hatte.

Er genoss sein Leben – und lernte bei dieser Tätigkeit ein Ehepaar aus Venedig kennen, Graf und Gräfin Bracciolini. Die Gräfin hätte er gerne näher kennengelernt und ließ sie das auch wissen. Zwecks Unterstützung seiner diesbezüglichen Schritte deutete er den Besitz eines Kontos bei der Bank von England an. Doch Gräfin Hanka wagte nicht, sich ähnliche Gedanken über den jungen Kamner zu machen, wenigstens jetzt nicht in Wien. Aber wenn er zu Besuch nach Venedig käme, wer weiß … Und die beiden Bracciolini reisten heim.

Kamners Besuch erfolgte sehr bald. Man gab ihm zu Ehren in einem Palazzo einen Empfang, die Gräfin zeigte sich sehr erfreut über den Besuch aus Wien.

Und da ihr Mann das Fest vor ihr verließ, wurde ihre Freude noch deutlicher, geradezu aktiver – bis zu der Frage nach dem Nummernkonto. In Erwartung weiteren Entgegenkommens und den läppischen Kontostand genau kennend, verriet ihr Kamner die Kontonummer. Und die Gräfin forderte ihn zu einem Besuch in der Familienvilla in der Nähe von Treviso auf. Der Graf sei nämlich mehrere Tage lang auf einer Geschäftsreise.

So fuhr also Kamner am nächsten Abend vom Piazzale Roma im eigenen Wagen in Richtung Treviso, das Ziel war nicht schwer zu finden.

Die Gräfin hingegen war schwer zu finden. Kamner musste durch das leere Haus auf die Suche gehen. Sie hing an einem Fensterkreuz, die Vorhangschnur um den Hals.

Graf Bracciolini hatte mit seiner Frau vereinbart, dass sie die Kontonummer in Erfahrung bringen möge, hatte sich, sobald er diese hatte, der Mitwisserin entledigt und sich auch sogleich auf den Weg nach London gemacht.

Da der Abend im Palazzo ebenso wie die Bekanntschaft des

Ehepaares Bracciolini mit Kamner allgemein bekannt war, kam es bald nach dessen Rückkehr nach Wien zu einem polizeilichen Verhör, das zu Verhaftung und Verurteilung des Mörders beitrug.

Wer diese Kriminalgeschichte bei Lernet-Holenia nachliest, erfährt noch mehr.

E – se non è vero, è ben trovato.

Die russische Gräfin

Reisen bildet, eine Binsenweisheit. Macht man Station in einem Restaurant und hat nichts zu lesen in der Tasche, kann man sich ärgern oder langweilen, nach einer Zeitung fragen – oder man liest eben, was einem nur ins Auge fällt, die Menükarte, mit scharfem Auge die Lektüre des Tischnachbarn. In der Bar des Hotel Ala am Campo Santa Maria del Giglio kann man das gerahmte Werk eines Gerichtssaalreporters lesen, eine Seite aus dem *Gazzettino*, der venezianischen Lokalzeitung.

Im Frühjahr 1910 erregt ein Prozess Alt und Jung, Arm und Reich in der Stadt an der Lagune. Das Schwurgericht und mit ihm die Gerichtssaalkiebitze und endlich auch die Zeitungsleser blicken in einen »solchen Abgrund von sittlicher Verworfenheit der hohen Gesellschaftskreise, daß man sich mit Betrübnis eingestehen muss, wir sind trotz unseres fortgeschrittenen Zeitalters von wahrer Kultur noch weit entfernt«. Erschüttert berichtet der Reporter Hugo Friedländer selbst ins ferne Berlin. Die von ihm zuletzt verfolgten Prozesse »beweisen, daß in gewissen Kreisen der sogenannten hohen Gesellschaft eine Fäulnis herrscht, von der sich der gesittete Mensch mit Ekel und Abscheu abwenden muß«.

Das kann er freilich nicht, wenn er sich mit dieser Fäulnis beruflich zu befassen hat, wie eben Friedländer. Er muss im Gegenteil sich so sehr mit der Verworfenheit der hohen Gesellschaftskreise beschäftigen, dass er seine Zeitungs-, später auch seine Buchseiten voll bekommt.

Noch intensiver befasst sich einer seiner Schriftstellerkollegen mit diesem interessanten Fall, Hans Habe. Ihm ist die Mordgeschichte um die irisch-russische Gräfin Maria Nikolajewna Tarnowska ein dreißig Jahre dauerndes Quellenstudium wert. Er studiert Expertengutachten, Polizeiprotokolle, Prozessakten, Briefe. Er will den Tatmotiven auf die Spur kommen, und weil er ja auch für sensationsgierige Illustrierte und ihr spezielles Publikum schreibt, wird das Dolce Vita im Russland der Jahre um 1900 ausführlich beschrieben, der Irrweg der verworfenen Gräfin durch feudale Datschen, vornehme Kurorte, Bordelle bis ins Gericht und in das Frauengefängnis von Venedig. Auch die im Jahr der Erscheinung von Habes Buch, 1962, noch in die Zukunft tastende weibliche Emanzipation macht er sich hier zum Thema, denn sie hat nach seiner Aussage »sexuelle Perversionen als Folgeerscheinung«.

Was also war geschehen? Die empörte Zeitung berichtet von einem »Weib der höchsten Gesellschaftskreise, dessen Wiege in einem feenhaften Schloß gestanden, das in üppigstem Luxus und Wohlstand erzogen, dessen Taten aber so entsetzlich waren, dass sich Tinte und Feder sträuben, sie niederzuschreiben«.

Schließlich hatte sie ja ihre erotische Macht missbraucht, um zwei Männer, mit denen sie ein Verhältnis hatte, zum Mord an ihrem künftigen Ehemann zu bewegen.

Selbst im Gerichtssaal soll sie keine Reue gezeigt haben, sie blieb selbstbewusst und hatte dazu wohl auch einen triftigen Grund. Ihre atemraubende Schönheit, die auch zur Basis ihrer Verbrechen geworden war, beeindruckte alle Zuhörer, nicht nur die Männer. Das ging so weit, dass einer der Geschworenen sich zu Wort meldete und sich für befangen und somit prozessunfähig erklärte. Sein Gewissen zwinge ihn zu dem Geständnis, dass er sein Richteramt nicht mehr mit der doch durch einen Schwur gelobten Unbefangenheit ausüben könne. Er habe sich mit aller Macht in die Angeklagte verliebt. Man musste ihn also austauschen.

Die Hauptangeklagte war am 16. Juni 1877 im väterlichen Schloss in der Nähe von Kiew zur Welt gekommen. Ihr Vater war der russische Adelsmarschall Graf Rusk. Mit fünfzehn Jahren kam sie in ein vornehmes Internat, der Vater hatte große Pläne. Maria Nikolajewna sollte dereinst einen Fürsten heiraten. Aber sie und das Schicksal entschieden anders.

Die sechzehnjährige Komtess hatte einen jungen Kosakenoffizier kennengelernt, Graf Wassili Wassiljewitsch Tarnowski, der sie unbedingt zur Frau haben wollte. Graf Rusk war dagegen, die Familie Tarnowski war ihm zu minder, die Tochter zu jung.

Aber diese Tochter setzte ihren Kopf durch, und das nicht zum letzten Mal. Sie ließ sich von ihrem Liebhaber entführen und heimlich heiraten. Damit begann nun ihre aufregende, wenngleich nicht glänzende Karriere. Ihre Schönheit fiel auch anderen Männern auf, und auch der Bruder ihres Ehemannes verliebte sich in Maria Nikolajewna. Als er erkannte, dass er chancenlos war, erhängte er sich.

Lang blieb Frau Tarnowska ihrem Kosaken nicht treu. Die lange Liste ihrer Liebhaber in den nächsten Jahren wurde von einem Grafen Tolstoi angeführt. Das brachte den Ehemann immerhin so sehr auf, dass er Tolstoi zum Duell forderte, das zwar für beide Kontrahenten harmlos ausging, doch nun kam der nächste Graf. Er hieß Borgewski und erklärte, er sei vor Liebe halb wahnsinnig. Tarnowski konnte ihn fernhalten, aber nur kurz, dann wollte auch der Neue sich um seine Ehefrau duellieren. Ein ebenfalls verliebter Baron Stahl, Freund beider Herren, konnte das durch Überredung verhindern. Stahl, der von Maria Nikolajewna nicht erhört worden war, machte seinem Leben bald selbst ein Ende.

Zum Duell kam es zwar nicht, aber Tarnowski schoss Borgewski eine Kugel in den Kopf und ließ sich verhaften. Das Schwurgericht in Kiew fällte aufgrund der besonderen Umstände einen Freispruch, doch inzwischen war Tarnowskis Verliebtheit abgekühlt und er ließ sich scheiden.

Die Gräfin sah nun ihre Freiheit in erreichbarer Nähe, ihre beiden Kinder bedeuteten ihr kein Hindernis. Das Angebot an potenziellen Liebhabern war nach wie vor bedeutend. Aber jetzt zuerst einmal die Scheidung, da brauchte sie einen guten Anwalt.

Sie fand ihn in Moskau, Dr. Donato Prilukow. Er war ein hervorragender Jurist, ein glänzender Redner. Seine Plädoyers waren berühmt, die Gerichtssäle waren überfüllt, wenn er ans Werk ging. Und zu alledem kam sein privates Glück – er führte eine vorbildliche Ehe, hatte zwei Kinder, verdiente sehr gut. Und dann kam Gräfin Tarnowska.

Prilukow war ebenso rasch in die neue Klientin verliebt wie schon viele vor ihm. Er zog fort von zu Hause, lebte mit der Gräfin in Saus und Braus, vernachlässigte Beruf und Kanzlei, und als er schließlich pleite war, hielt er sich an ihm anvertraute Kundengelder. Das war nun der Tiefpunkt, die Anwaltskammer schloss ihn aus. Und auch die Geliebte verließ ihn bald, wenn auch nur vorübergehend, nachdem ihre Scheidung erfolgreich verlaufen war.

Maria Nikolajewna hatte dem nächsten Grafen den Kopf verdreht, Pawel Komarowski, schwerreich und verwitwet. Er machte der gerade Geschiedenen einen Heiratsantrag, sie willigte ein. Doch der Bräutigam beging einen schweren Fehler – er stellte seiner künftigen Gattin einen jungen Freund vor, mit Namen Nikita

Der Tarnowska-Prozess in einer Zeitungsausgabe vom 13. März 1910, dargestellt von A. Beltrame

Naumow. Der war unter den Männern, was die Tarnowska unter den Frauen war – von auffälliger Schönheit und Anmut. Hinter dem Rücken des Freundes beziehungsweise Bräutigams Komarowski entwickelte sich in kurzer Zeit eine selbst für die erfahrene Frau ungewöhnliche Liebesbeziehung.

Naumow liebte es, sich von Frauen peinigen zu lassen, nicht einfach nur geistig etwas quälen, sondern körperlich. Die Tarnowska erfüllte ihm seine Wünsche – und hatte bald selbst schon sehr spezielle Wünsche an den jungen Geliebten.

Graf Komarowski hatte vor, auf eine Geschäftsreise zu gehen und sich auch um sein Haus in Venedig zu kümmern. Zuvor hatte er noch ihre Zusage zur Ehe erreicht, indem er die künftige Gattin zur Universalerbin erklärte. Außerdem ließ er vor der Abreise eine Lebensversicherung zu ihren Gunsten abschließen, die der Tarnowska bei seinem Ableben eine Million Rubel garantierte, selbst für den Fall, dass sie noch nicht verheiratet, nur verlobt sein sollte. Das war sein Todesurteil.

Maria Nikolajewna weihte Prilukow in ihren Plan ein – Komarowski sollte möglichst bald ums Leben kommen. Nun war der frühere Anwalt zwar immer noch einer ihrer Geliebten, aber so weit wollte er nun doch wieder nicht gehen und ihr zuliebe zum Mörder werden. Doch er diente ihr als Berater – Naumow sollte die Tat ausführen. Der werde wohl nicht so einfach zu überreden sein, Komarowski war ihm ein enger Freund. Das brachte Prilukow auf folgenden Gedanken: Die Tarnowska möge ein Telegramm erhalten, des Inhalts, dass er, Naumow, ein übler Charakter sei, von dem sie sich fernhalten sollte, Unterschrift – Graf Komarowski.

Das Telegramm schien seinen Zweck zu erfüllen. Naumow las es und tobte.

Er werde sich mit dem früheren Freund duellieren – das genügte der Tarnowska nicht, man müsste Komarowski umbringen. Nur so käme sie auch an das Geld, das sie zu ihrer Lebenshaltung dringend benötigte. Sonst bliebe ihr nichts übrig, als tatsächlich zu heiraten.

Nach längerem Zögern, auch Prilukow hatte geholfen, den jungen Mann zum Mord zu bewegen, gab er nach. Naumow reiste zusammen mit Prilukow nach Venedig und wartete die Ankunft Graf Komarowkis ab.

Am 3. September 1907 trafen die beiden Russen in Venedig ein. Naumow erkundigte sich, ob denn Graf Komarowski schon hier sei, das wurde bejaht. Er wartete erfolglos vor dem Haus, und als es Mitternacht war, ging er in sein Hotel.

Am nächsten Morgen ging er wieder in das Haus seines Opfers – und traf den Grafen an. Ohne ein Wort zu sagen, schoss er viermal auf ihn – und floh, fort aus Venedig, bis Verona.

Vier Tage später starb Komarowski. Die Polizei war überraschend schnell – Naumow wurde in Verona verhaftet. Er gestand auf der Stelle und gab auch die komplette Vorgeschiche, alle Hintergründe, preis. So konnte man auch Prilukow, die Tarnowska und ihre Kammerfrau Perier, eine Schweizerin, verhaften, die in alles eingeweiht gewesen sein soll.

Sie alle landeten in Venedig im Gefängnis, die Untersuchung dauerte lang. Endlich begann der Prozess, am 4. März 1910. Die vier Angeklagten wurden von insgesamt zehn Anwälten vertreten. Dazu kamen zwei Advokaten, die Komarowskis Mutter als Nebenklägerin privat engagiert hatte.

Mit zahlreichen Kiebitzen war zu rechnen – aber der Saal war zu klein. Selbst am Bahnhof von Santa Lucia kamen täglich neugierige Scharen an, die zum Schwurgerichtshof beim Campo

Santi Apostoli strömten und dann enttäuscht vor dem überfüllten Gerichtsgebäude standen.

Die Russen hatten in den Jahren der Voruntersuchung so viel Italienisch gelernt, dass ein Dolmetsch kaum in Erscheinung trat. Naumow kam zuerst an die Reihe, er hatte längst alles gestanden und erging sich nun in Details. Immer wieder musste er seine Antworten und Erklärungen unterbrechen, weil er in Tränen ausgebrochen war und nicht sprechen konnte.

Und immer wieder geriet er in Streit mit der Tarnowska, die ihm vorwarf, er lüge. Nun kam es zum Verhör von Anwalt Prilukow – und auch er suchte Ausflüchte, die Tarnowska widersprach ihm, auch er weinte unentwegt.

Sie selbst erklärte dem Gericht, nun werde sie die komplette, ungeschminkte Wahrheit sagen. Ausführlich beschrieb sie ihre Kindheit, das Leben im vornehmen Internat, die Bekanntschaft mit Tarnowski. Immer wieder war sie, wie das damals in der eleganten Welt Russlands guter Ton war, nach Italien gereist, nach Genua, an die Riviera, nach Venedig, aber auch nach Franzensbad und in französische Kurorte. Und immer wieder ging es um Männer, um Verehrer, aber niemals war sie selbst an allen diesen Anträgen, Selbstmorddrohungen, Duellforderungen schuld.

Der Vorsitzende, begreiflich verwirrt durch die komplizierten erotischen Verwicklungen, die sich dem Auditorium darboten, versuchte immer wieder Klarheit zu schaffen.

»Sie haben also mit Naumow und Prilukow und Komarowski ein Quartett gebildet?«

»Ja, Exzellenz. Weil ich immer auf einen Menschen hoffte, der es ehrlich mit mir meint.

»Aber drei Liebhaber – das ist doch etwas viel, zur selben Zeit.«

Im Saal herrschte kurz Heiterkeit, dann ging es weiter.

Tarnowska war bemüht, ihren früheren Anwalt Prilukow als Drahtzieher und Urheber der geplanten Mordaktion darzustellen. Detailreich und weitläufig schilderte sie, wie sehr sie gehofft habe, Naumow werde sich doch nicht zu der Tat überreden lassen. Zudem habe er ja Russland verlassen und sich eine Zeit lang im nahen österreichischen Podwolotschyska aufgehalten.

Der Vorsitzende ermahnte sie immer wieder, lauter und nicht überflüssig ausführlich zu sprechen.

Außer den Verhören der vier Angeklagten kam es noch zu zahlreichen weiteren Aussagen, von Zeugen, die man aus Russland geholt hatte, von den Ärzten, die den schwerverwundeten Komarowski behandelt hatten. Die russischen Zeugen, etliche von ihnen Juristen, versuchten den einstigen Kollegen Prilukow als zum Bösen verführten, aber im Grunde anständigen Menschen darzustellen. Andere wieder berichteten von Naumow, der zwar diese merkwürdige Neigung zum Masochismus gehabt habe, aber ein grundgütiger, hilfsbereiter junger Mann sei.

Breiten Raum nahmen die Berichte der Klosterschwestern ein, die die Tarnowska im Gefängnis bewachten und betreuten. Sie sei hochgradig hysterisch, leide unter Nervenkrisen, übe aber andererseits eine große Suggestivkraft auf die Menschen ihrer Umgebung aus.

Große Aufregung brachte die Ankunft der Mutter des ermordeten Grafen Komarowski, einer sehr vornehmen Dame von dreiundsechzig Jahren. Außer ihr waren noch der Vater Naumows ebenso wie der Vater der Tarnowska im Gerichtssaal, der alte Graf Rusk. Während Naumow senior unentwegt weinte, verstand der Vater der Angeklagten nur wenig von den Vorgängen, denn er sprach nicht Italienisch – im Gegensatz zur Mutter des Ermordeten.

Gräfin Komarowska hatte ihren Sohn immer wieder vor der Braut mit der bewegten Vergangenheit gewarnt – sie werde ihm kein Glück bringen und die Gesellschaft werde das künftige Ehepaar meiden.

Das Gericht hatte bei Fachärztes Gutachten zum Geisteszustand der Hauptangeklagten und der beiden Männer in Auftrag gegeben. So standen also jetzt auch der »Direktor des Irrenhauses von Venedig, Dr. Cappeletti«, der Psychiater Morselli aus Genua, Professor Dr. Tanzi, »Geisteskrankenarzt aus Florenz«, der berühmte Psychiater Prof. Dr. Bianchi aus Neapel und Professor Belmondo, Direktor der Klinik für Geisteskrankheiten an der Universität Padua, vor den Schranken.

Die Herren waren weitgehend einer Meinung. Das Abenteurerleben der Angeklagten habe ihre neurotische Anlage bis zur »Störung ihrer Seelenvorgänge gesteigert«, »moralische Anästhesie« sei eingetreten.

Wenige Tage später kam es zu den Strafforderungen des Staatsanwaltes, und danach zu langen, heftigen Auseinandersetzungen zwischen den vielen Rechtsanwälten. Jeder versuchte, seinen Schützling zu entlasten und die Schuld der anderen Angeklagten zu beweisen. Erfolg hatte nur der Anwalt der Schweizerin Perier.

Die Beratung des Schwurgerichts dauerte vier Stunden. Vor dem Gebäude standen Tausende und erwarteten die Urteile. Sie machten so großen Lärm, dass es in den Räumen schwer geworden sein soll, sich zu konzentrieren.

Naumow wurde zu dreieinhalb Jahren, die Tarnowska zu acht Jahren, Prilukow zu zehn Jahren Zuchthaus verurteilt. Die Perier kam ohne Strafe davon, man konnte ihr die Mitwisserschaft nicht nachweisen.

Das Urteil war gefällt, die Täter hatten ihre verdiente Strafe abzusitzen, die russische Gräfin kam ins venezianische Frauengefängnis auf der Giudecca. Das war bis 1806 ein Kloster der Benediktinerinnen gewesen, von der französischen Besatzungsmacht säkularisiert.

Zwischen dem 28. Februar und dem 21. Mai 1910 wurden die Gerichtsreporter der venezianischen Zeitungen der Tarnowska-Berichte nicht müde, vor allem in der *Gazzetta di Venezia*.

Die Öffentlichkeit wandte sich danach neuen Skandalen, neuen Prozessen, neuen Untaten zu. Die Venezianer sollten dazu schon bald Gelegenheit haben. Denn an diesem 21. Mai 1910 geschah ein Verbrechen, das die Serenissima weit mehr betraf als der Fall der verruchten Russin. Doch dazu mehr in der Geschichte »Das mordende Haus«.

Der Palazzo Vendramin vor Richard Wagner

Kriminelle Energien in Adelskreisen sind keine Seltenheit. Besonders anschaulich zeigt das die Geschichte der Brüder Calergi: Vettor (1610–1665), Antonio (1626–1647), Giovanni (1628–1664) und Pietro Calergi (1629–1686).

Sie waren von edler Abstammung. Ihr Vater war Vincenzo Grimani, aus der Linie von Santa Maria Formosa. Mütterlicherseits kamen sie aus einer sehr alten Familie mit griechischen Wurzeln, die von Kreta nach Venedig gezogen war. Als die Serenissima im Jahre 1297 das Goldene Buch schloss, also das Adelsverzeichnis zum Abschluss führte, hatten die Calergi zwar den Sitz im Großen Rat nicht mehr zugesagt bekommen, aber sie gaben nicht auf. Durch verschiedene wohltätige Aktionen während des Krieges von Venedig gegen Chioggia gelang es ihnen, 1381 als Patrizier anerkannt und endlich in den Großen Rat berufen zu werden.

Vincenzo Grimanis ältester Sohn war Vettor Grimani Calergi, geboren zu Venedig am 21. September 1610. Die Calergi hatten 1598 den prachtvollen Palazzo Loredan ersteigert, aus dem Besitz des Markgrafen von Mantua.

Ihr Familiengesetz verpflichtete Vincenzo, den Ehemann der neuen Besitzerin, zur Annahme des Namens Calergi. Hier lebte die Familie Grimani Calergi bis zum Erwerb des Palazzo durch die Familie Vendramin im Jahre 1739 durch Erbschaft.

Vincenzo und seine Frau Marina hatten eine zahlreiche Nach-

Der Palazzo Vendramin-Calergi um 1855

kommenschaft. Da waren die acht Töchter, fünf wurden Nonnen, drei heirateten – Maria den Niccolo Vendramin, Canciana den Leonardo Dolfin und Cornelia den Alvise Zorzi. Alle drei Schwiegersöhne trugen bedeutende Namen.

Dazu kamen vier Brüder – die beiden älteren waren für den Beruf des Priesters bestimmt, die zwei anderen sollten den Fortbestand der Familie für die nächsten Generationen sichern. Aber das lief etwas anders.

Die vier Grimani Calergi erwarben sich in kurzer Zeit einen weithin hallenden Ruf – rauflustig, zügellos, brutal. Sie hatten in ihrem weitläufigen Palazzo einen besonders unübersichtlichen Teil, den sogenannten Weißen Flügel. Vincenzo Scamozzi hatte ihn 1614 gebaut. Dort konnten sie sich verstecken, dort wurden sie mehrmals erfolglos gesucht. Annähernd harmlos war nur Antonio, der gerade Abate geworden war, als er starb. Dass Vettor ebenso Abate war, scherte ihn überhaupt nicht. Er ließ sich ständig von einer Gruppe von Raufbolden, *Bravi*, begleiten, die für ihn die Dreckarbeit übernahmen. So war er bald sehr gefürchtet, noch mehr als seine Brüder.

Was der Rat der Zehn dachte und beschloss, kümmerte Vettor nicht im Geringsten. Einmal hatte man ihn zu einer fünfjährigen Gefängnisstrafe verurteilt – er kam einfach nicht und blieb wohl bewacht im Familienpalais im Stadtteil San Marcuola.

Hatte Vettor ein Auge auf eine Dame geworfen, dann war ihm kein Weg zu mühevoll, keine Gemeinheit zu gefährlich, er musste die Frau zur Geliebten machen, wenn auch nur für einige Tage.

Wagte sich eine zu widersetzen, so konnte das für sie auch gefährlich werden.

Annamaria Santelli war eine erfahrene Kurtisane, als sie sich zu einer Bühnenkarriere entschloss. Vettor Grimani Calergi verliebte sich in die junge Frau, umwarb sie, ohne Erfolg. Als es ihm zu bunt wurde, bestrafte er sie.

Jeden Tag sah man sie auf einem Balkon des Palazzo Balbo, lange still sitzend, Sonnenbad, Schönheitsschlaf. Immer wieder hatte sie Besuch eines Verehrers, das stachelte natürlich die Grimani'sche Eifersucht in Tobsuchtsanfallhöhen.

Die Bravi Vettores waren selbstredend auch gute Schützen. Sie versorgten die Santelli mit einer Ladung ätzenden Salzes aus einer weitreichenden Hakenbüchse. Dabei wurde die Schauspielerin nicht nur erschreckt, sie wurde auch empfindlich verletzt.

Das brachte Vettor wieder einmal Gefängnis ein, fünf Jahre Dunkelhaft, auf der Stelle anzutreten. Der älteste Bruder verließ sich auf seine jüngeren, mit Recht. Sie bereiteten die Entführung vor.

An der Stelle der Seufzerbrücke, an der der Gefangene den Gang zu den Bleikammern erreicht hat, lauerten sie. Hinter einer Türe verborgen warteten die Bravi. Als nun Vettor kam, wurden die Bravi hereingelassen, Pietro stach auf den Offizier des Begleitkommandos ein, verletzte ihn tödlich und die ganze Gruppe mit ihrer menschlichen Beute floh zum darunterliegenden Kanal, wo einige Gondeln wartend bereitlagen.

Vettor war ausnahmsweise der Boden zu heiß geworden, er verließ das Staatsgebiet Venedigs und wartete in der Ferne, dass sich eine Änderung des Gremiums des Rates der Zehn ergebe. Doch er kehrte zurück, verliebt.

Die Auserwählte, eine junge Aristokratin namens Elena Bassanella, aus gediegener Familie, wollte von ihrem Verehrer nichts wissen. Er trachtete, sie zu beeindrucken, indem er prächtig gekleidet, von seiner Schurkentruppe begleitet, zu ihr kam – vergeblich.

Da es im Guten nicht ging, musste man andere Mittel ergreifen – Entführung.

Die Mutter, bei der die schöne Tochter lebte, war aber auf der Hut und so verbargen sich die beiden Damen bei einem Verwandten, dem Grafen Demetrio Santi, bei der Kirche Santi Apostoli.

Enttäuscht und wütend sah der zweiundvierzigjährige Abate, dass er vergeblich zum Palazzo der Angebeteten gekommen war. Aber man ergriff eine Magd, und unter Folter gab sie das Versteck ihrer Herrin preis.

Vettor Grimani verstärkte seine Truppe, setzte sie in mehrere Gondeln und fuhr zum Palazzo Santi. Die Kerle versuchten, das Tor mit einer kleinen Kanone zu sprengen, einige Bravi kletterten auf das Dach. Doch Conte Santi leistete erfolgreich Widerstand, durch den Lärm erwachte man ringsum, der Anmarsch der Exekutive war zu erwarten, die Desperados gaben auf. Und ausnahmsweise gab auch der enttäuschte Obergauner auf.

Er hatte ohnehin genügend andere Gelegenheiten für seine Kleinkriegszüge – wie einen Ärger, der nur mit den Pflichten zur Repräsentation zusammenhing.

Vettor Grimani gehörte zu den Gründern und Besitzern des Theaters bei der Basilica Santi Giovanni e Paolo. Dort gab es einen endlosen Streit um den Besitz einer Loge zwischen den Grimani Calergi und den Brüdern Francesco und Paolo Querini Stampalia. Die beiderseitigen Bravi schlugen zu, im wörtlichen Sinn, vor allem 1655 am Abend einer Vorstellung von *Statira, Prinzessin von Persien*, Musik von Francesco Cavalli, Libretto von Giovanni Francesco Busenello. Das Aufsehen übertraf alles Dagewesene. Man konnte annehmen, dass der Zwischenfall Folgen haben werde.

Nun hatte dieser Streit schon viele Straßenkämpfe und Konfrontationen aller Art zur Folge gehabt, der Rat der Zehn hatte genug davon und befahl den Brüdern Querini Stampalia die Verbannung nach Zara in der Adria, den drei Grimani Calergi jene auf die Insel Korfu.

Nach ihrer Rückkehr, mit Spenden an die Staatskasse erkauft, nimmt der Zwist der beiden Familien noch kein Ende. Eines Abend überfallen die Grimani-Bravi den einen der beiden Brüder, Francesco, der gerade ohne seine bewaffneten Begleiter unterwegs ist, verschleppen ihn in den Palazzo Grimani Calergi und schlach-

Die Basilica Santi Giovanni e Paolo auf einem Gemälde des 18. Jahrhunderts

ten ihn regelrecht ab. Die drei Schurkenbrüder flüchten ins nahe Mantua. Der Rat der Zehn setzt eine Belohnung aus für jeden, der die drei umbringt – 6000 Dukaten, wenn es auf venezianischem Gebiet, 4000 Dukaten, wenn es auf ausländischem Boden geschieht.

Da waren die Brüder also einen Schritt zu weit gegangen. Nun waren sie seit 1659 auf ewige Zeiten verbannt, enteignet und ihres Adelstitels entkleidet.

Der Weiße Flügel wurde abgerissen, man kannte ja seine fatale Vergangenheit. Und in den Park des Palazzo stellte der Senat eine Säule, ein Denkmal der Schande.

Auf ewige Zeiten verbannt – offenbar ein diskutierbarer Begriff.

Es waren die Jahre der großen Sorgen des Senats, des Großen Rates, des Dogen. Der Niedergang der früheren Seemacht hatte eingesetzt, vor allem von den Osmanen drohte ständige Gefahr. Zypern war längst gefallen, Kreta war bedroht. Venedig brauchte Geld.

Die Brüder Grimani hatten es: Die Ewigkeit dauerte knapp zwei Jahre. Die Gebühr zur Aufhebung ihrer Verbannung belief sich auf 7 350 Dukaten. Dafür bekamen sie Ehre, Titel und Besitzrechte zurück. Im Volksmund heißt so etwas – sagen wir, es war nichts.

Denn nun wurde die Schandsäule geschleift, der geschleifte Flügel schleunigst rekonstruiert, 1661 stand er schon wieder.

1664 ist Giovanni gestorben, am 25. Oktober 1665 der böse Vettor. Pietro, der relativ harmlose der drei, wiewohl auch er ein Mörder, starb erst 1686.

Die Erinnerung an die Calergischen Verbrechen in diesem herrlichen Palazzo ist durch die Jahrhunderte nicht nur verblasst, sondern überdeckt worden. Ab jetzt ist Schluss mit Mord und Totschlag. Die neuen Besitzer, ab 1739 die Familie Vendramin, sollen die Inschrift *Non nobis – domine – non nobis* an der Fassade anbringen haben lassen, um darauf hinzuweisen, dass sie nichts mit den hier verübten Verbrechen zu tun hätten.

1844 erwarb Maria Carolina, Prinzessin beider Sizilien, Witwe des ermordeten Duc de Berry, des Thronfolgers von Frankreich, den Palazzo. Sie heiratete wieder und bewohnte das Haus mit ihrem Ehemann Graf Ettore Lucchesi-Palli und den Kindern aus beiden Ehen.

Graf Enrico Bardi, Herzog von Parma, war einer der Erben der

Der Palazzo Vendramin-Calergi heute: Venedigs Casinò

Ca' Vendramin. Er vermietete einen Teil des Gartentrakts an einen großen Verehrer der Serenissima – an Richard Wagner. Fünfzehn Räume bewohnte das Genie, von Mitte September 1882 bis zu seinem Tod im Februar 1883.

Seit 1946 ist der Palazzo das winterliche Casinò der Stadt, sommers spielt man im Casinò Municipale di Venezia am Lido. Allfällige Meinungsverschiedenheiten werden sowohl da als auch dort heute anders ausgetragen als zur Zeit der Brüder Calergi.

Gruß aus dem Jenseits

Lucrezia
Ein Haus rächt sich

Berichte, mögen sie wahr sein oder auch nicht, wenn sie Gegenwart und Vergangenheit zusammenbringen, können sie besonders aufregend sein. Urplötzlich ist man wieder unsicher, ob nicht doch eine längst in den Sagenbereich abgeschobene Erzählung der Wirklichkeit entspricht. Lernt man dann auch noch Zeugen kennen, Menschen, die dabei waren – oder jemanden gut kennen, der jemanden kennt, der aber ganz sicher dabei war –, dann wird es noch einmal aufregender. Das ist bei dieser Geschichte der Fall.

Siebzehnjährige Mädchen, ebenso Burschen zwischen Kindheit und Mannesalter, mögen über mehr und stärkere Fantasie verfügen als in ihren späteren Jahren. Doch auch, wenn man das berücksichtigt, kann man die folgende Geschichte kaum für möglich halten. Aber mein Gewährsmann, ein klarer Kopf und kein Mystiker, hat sie mit Überzeugung geglaubt und ebenso erzählt.

Pierfrancesco war siebzehn Jahre alt. Er spielte Geige, liebte überhaupt jede Art klassischer Musik und hatte sich für diesen Abend ein Konzert im Radio ausgesucht. Wenige Monate zuvor hatte die RAI im Oktober 1950 ihren dritten Radiosender installiert und Pierfrancesco war selig, täglich Toscanini, Mainardi, Menuhin und andere seiner Idole zu hören!

Er drehte das Radio auf, das Licht ab und legte sich auf sein Sofa. Die Türe zum Hof des Hauses hatte er offen gelassen, es gefiel ihm, dass man seine Musikliebe zu registrieren vermochte, am Rio della Croce auf der Giudecca hörte, was auch er hörte.

Der Junge war glücklich. Mit geschlossenen Augen lauschte er seinem Konzert, genoss die geliebte Musik – bis er plötzlich in eine unerklärliche Unruhe verfiel. Mit einem Ruck setzte er sich auf, sah um sich und erblickte zu Tode erschrocken einen feurigen Ball, der über die Stufen aus dem Hof heraufkam.

Die Erscheinung maß etwa einen halben Meter im Durchmesser, leuchtete grell und schien von Wand zu Wand zu tänzeln, als suchte sie etwas.

In Pierfrancescos Zimmer angekommen, stürzte sich die Erscheinung auf ihn, direkt auf seinen Kopf zu, und hatte nun das Aussehen eines hasserfüllten Frauengesichts – ohne Körper.

Der Junge schlug mit beiden Fäusten auf den Feuerball ein – und jählings verschwand das grauenhafte Phantom.

An Kunstgenuss war jetzt nicht mehr zu denken. Pierfrancesco drehte sein Radio ab, verschloss die Türe zur Hofstiege, zog die Decke über den Kopf. Er konnte auch nach Stunden nicht einschlafen, sah voll Angst immer wieder zur Türe, fürchtete die Rückkehr der grässlichen Fratze. So verging die Nacht.

Am Morgen hätte er gerne den Eltern und den Geschwistern erzählt, was ihm widerfahren war, aber er war fest überzeugt, man werde ihn nicht ernst nehmen und nur über ihn lachen. So blieb er still, so still freilich, dass die Familie meinte, er werde vielleicht krank, auch sein blasses, müdes Gesicht sprach dafür.

Doch Pierfrancesco wurde nicht krank, fand auch nach einigen Tagen wieder Schlaf und erzählte niemals von seinem schaurigen Erlebnis.

Bis zum Weihnachtsfest 1966 – da kam die längst durch Studium und Heiraten zerstreute Familie im Elternhaus in Venedig zusammen. Pierfrancesco hatte in diesem Jahr seinen zweiunddreißigsten Geburtstag gefeiert, sein Musikstudium erfolgreich beendet und war in bester Laune. Zwar befiel ihn nur noch selten die unerfreuliche Erinnerung an das Frühjahr 1951, aber übernachten wollte er in diesem Raum denn doch nicht wieder. Man hatte aber das Bett für ihn vorbereitet, konnte nicht verstehen, weshalb er ein Hotel vorzog.

Und da begann er zu erzählen, zum ersten Mal, nach fünfzehn Jahren.

Kaum hatte er begonnen, so hätte er sich auf die Zunge beißen mögen, weshalb hatte er nicht geschwiegen? Aber niemand lächelte zynisch, niemand machte eine ironische Bemerkung, niemand erklärte die Erinnerung zu einer Folge des weihnachtlichen Punsches. Niemand wunderte sich – denn Cornelia, die jüngere Schwester, hatte genau dieses Erlebnis auch selbst gehabt. Im Gegensatz zu ihrem Bruder hatte sie nicht geschwiegen, hatte damals auf der Stelle davon berichtet, und nur, weil Pierfrancesco zu dieser Zeit noch an der Musikakademie in Mailand studierte, hatte er diese Geschichte nicht erfahren.

Cornelia hatte also einige Jahre zuvor eine ähnliche Erfahrung gemacht – im selben Zimmer, das einst der Bruder bewohnt hatte, 1956. Ihr war nicht ein einzelner Kopf begegnet, sie war urplötzlich einer Dame im Kostüm der Renaissance gegenübergestanden. Zwar konnte diese nicht sprechen, aber alles an ihr strahlte die Botschaft aus: »Hab keine Angst!« Das Phantasma lächelte, und so deutete die Familie nun, nach Pierfrancescos Bericht, dass das Gespenst nichts gegen Frauen, aber durchaus etwas gegen Männer zu haben schien.

Pierfrancesco verschob die Rückkehr nach Milano. Er und ebenso seine Schwester Cornelia, ja die ganze Familie, jetzt waren sie alle neugierig. Wer hatte früher hier gewohnt, gab es irgendwelche Akten, vielleicht Gerichtsakten?

Und tatsächlich – nach langem Suchen in der Biblioteca Marciana, in den Protokollen des Rates der Zehn, stieß man auf eine Spur.

Lucrezia Cappello hatte hier gelebt, in diesem Haus, glücklich verheiratet, Mutter von fünf Kindern. Ihr Ehemann, Giovanni Sanudo, hatte keinerlei Grund zur Eifersucht – und dennoch, er fand ihn, nein, er erfand ihn. Wer auch immer ihn auf den teuflischen Verdacht gebracht hatte, er vermeinte nun, die Wahrheit zu kennen. Und er erschlug seine Frau. Sie war sechsunddreißig Jahre alt, ermordet am 1. Juli 1602.

Sanudo flüchtete. In Abwesenheit wurde er zum Tode verurteilt. Zwischen Marco und Todaro sollte er seinen Kopf verlieren – aber er war weit weg. Aus der Ferne bettelte er um Erbarmen. Schließlich seien doch seine Kinder durch seine Schuld nun Waisen, er möchte heimkommen und sich um sie kümmern, schrieb er der Serenissima.

Er schrieb lange Jahre – 1621 fand er Gnade. Man hatte einen juridischen Trick gefunden, einen Ausweg. So kehrte der Gattenmörder zurück nach Venedig – und seine Tat blieb ohne Sühne. Seither irrt die unerlöste Lucrezia durch ihr Haus, wütend und rachsüchtig beim Anblick von Männern, freundlich und sanft, wenn sie Frauen trifft. Denn wer weiß, welches Schicksal ihnen noch blüht, in diesen verfluchten Mauern …

Wenn das Herz spricht …

Das ist eine Geschichte, die dem sensationshungrigen Fremdling in Venedig von wirklich jedermann, jederfrau erzählt wird. Sie besteht aus zwei Teilen, zwei ineinandergreifenden tragischen Erzählungen. Fragt man einen Fremdenführer, auf der Stelle geht es los.

Die Scuola Grande di San Marco, von Ladislaus Eugen Petrovits, 1900

Um 1500 hatte der Steinmetz Cesco, Kurzform von Francesco, Pizzigani einen europaweit ruhmbedeckten Ruf – erzählen die venezianischen Legenden und die Reiseführer. Damals waren zuerst der Baumeister Pietro Lombardo, nach ihm der Kollege Mauro Codussi dabei, den Neubau der Scuola Grande di San Marco zu vollenden. Dieses Gebäude der Bruderschaft, einer der damals nicht seltenen wohltätigen Organisationen der Lagunenstadt, war 1485 durch ein Feuer gänzlich zerstört worden, bald danach begann man mit dem Neubau.

Zu den Handwerkern, die an der Gestaltung des reichen Figurenschmucks der Fassaden beteiligt waren, gehörte auch Cesco Pizzigani.

Zur einen Seite hin scheint sich das Gebäude zu öffnen und gewährt einen Blick in die gemeißelte Scheinarchitektur, links schauen zwei Löwen von San Marco auf den Platz. Diese prachtvolle Fassade war das Werk mehrerer Steinkünstler, deren einer Cesco Pizzigani war. Bereits als Kind auf den Steinmetzberuf vorbereitet, hatte er als Jüngling wichtige Aufträge venezianischer Familien und Baumeister übernehmen können, wurde er gerühmt und wohlhabend, Familienvater.

Da erkrankte seine Frau, Florinda. Die Ehe war besonders glücklich, und Cesco suchte die besten Ärzte auf, erwarb die teuersten Medizinen. Es half alles nichts, Florinda starb. Der gebrochene Ehemann hatte nicht die Kraft, den Schmerz zu überwinden, zudem waren ihm die Kosten für die Mediziner und Medizinen über den Kopf gewachsen. Und das einzige Kind, ein Sohn, starb kurz nach der Mutter.

Auch seine Kunst konnte ihm nicht helfen. Er vernachlässigte sie, vernachlässigte sich. Ohne Geld und ohne Aufträge begann er zu betteln. Er hatte auch sein Haus verkaufen müssen, der Schul-

Der Ort des Geschehens heute

den wegen, und verbrachte nun die Nächte vor den Eingängen der Scuola Grande di San Marco. Die Frau, das Kind, die Freunde, die ganze Existenz waren verloren, ihm blieb einzig ein Meißel, ein letztes Werkzeug. Mit ihm grub und haute er in die Steine, was ihm so vor Augen kam, rund um den Platz.

Dort hatte er eines Nachts ein Erlebnis …

Auf der Giudecca lebte ein junger Mann, ein Levantiner. Er, der Sohn eines Mannes aus der südlichen Türkei, die dieser schon

Scuola Grande di San Marco, Detail

lange verlassen hatte und sich und seine Familie dennoch *alla turca* zu kleiden gewohnt war, lebte bei seinem Vater. Der Sohn war vom Vater aufwendig eingekleidet worden, Geld spielte keine Rolle. Der junge Mann hatte von sich selbst eine hohe Meinung, war äußerst arrogant und zudem jähzornig. Fühlte er sich nicht ernst genommen, so konnte er gefährlich werden.

Seine Mutter traf er nur selten. Sie lebte alleine, vom Vater wenige Monate nach der Geburt des Kindes verlassen. Manchmal besuchte er sie, wenn auch nur ungern. Denn sie machte ihm stets Vorwürfe – er arbeite nicht, lebe vom Geld des Vaters, sei hochmütig. Und er trank.

Eines Tages besuchte er seine Mutter schon schwer betrunken, wurde beim ersten kritischen Satz wütend bis zur Besinnungslosigkeit – man erzählt, »ein Dämon habe ihn befallen«. Und er erstach die eigene Mutter. Von den Furien gejagt und halb verrückt, stach er auf sie ein, riss ihr das Herz aus der Brust und rannte aus dem Haus. Er lief über die Brücke des breiten Kanals neben den Fondamenta Mendicanti, wo viele Bettler die Nacht verbrachten, auch Cesco.

Und wie er über die Stufen lief, stolperte er, das blutende Herz fiel zu Boden und über dem Campo erhob sich eine wehklagende weibliche Stimme: »Mein Sohn, was habe ich dir getan?« Nun endgültig dem Wahnsinn nahe, sprang der Muttermörder in das Wasser des Kanals und versank.

Cesco Pizzigani hatte all das miterlebt. Zwar konnte er die Hintergründe nicht kennen, aber den Burschen mit dem Turban und den blutenden Händen verewigte er in den Mauern der Scuola di San Marco.

Wenigstens die Geschichte des Steinmetz Cesco soll ein gutes Ende gefunden haben. Man erinnerte sich schließlich seiner und seiner großen Kunstfertigkeit, er soll später wieder in seinen Beruf und in ein bürgerliches Leben gefunden haben.

Cesco Pizziganis Porträt des Mörders

Il Casino degli spiriti

Vom Palazzo Contarini dal Zaffo war bereits an anderer Stelle die Rede, wo man die Truhe mit der Leiche der armen Linda Cimetta gefunden hatte, beim Casino degli spiriti.

Erbaut wurde der Palazzo zwischen 1530 und 1540, sein Auftraggeber war Gasparo Contarini, ein bedeutender Mann aus allerbester Familie. Er hatte in Padua studiert, Mathematik, Theologie, Philosophie. Griechisch und Latein zu sprechen war für ihn selbstverständlich. Er gehörte dem Großen Rat an, er diente der Serenissima als Diplomat. 1521 vertrat er sie am Reichstag in Worms. Contarini verhandelte erfolgreich für Venedig sowohl 1523 als auch 1530 beim jeweiligen Friedensschluss mit Kaiser Karl V. 1535 wurde er zum Kardinal ernannt.

Mit unseren blutrünstigen Geschichten hat das freilich nichts zu tun – noch. Sein Haus aber wird dabei gleich eine Rolle spielen.

Was bedeutet im Namen des Palazzo »dal Zaffo«? Die Contarini trugen den Titel eines *Conte di Zaffo*.

Wie wird man »Graf von Jaffa«? Denn das ist der gebräuchliche Namen dieses »Zaffo«, Jaffa im Heiligen Land, heute Teil von Tel Aviv. Wenn nicht in einer Gespenstergeschichte, so wird der Ort wohl nur im Zusammenhang mit Orangenkulturen und Import genannt werden. Caterina Cornaro, Königin von Zypern, ernannte 1473 einen Vorfahren von Gasparo, er hieß mit Vornamen Giorgio, zum Grafen von Jaffa, ein Ehrentitel für einen venezianischen Patrizier, der höchste, den das Königreich zu vergeben hatte. Aber – ein Titel ohne Mittel, und vor allem ohne Land, denn die Hafenstadt gehörte seit 1268 zum Reich der Mameluken.

Rund um die Mamelukenherrschaft von Jaffa, später um die Geschichte Zyperns, fließt das Blut in Strömen. Als die Venezianer nach monatelanger Belagerung die Stadt Famagusta, die reichste und wichtigste Stadt im östlichen Mittelmeer, den siegreichen Türken übergeben mussten, hatten sie freien Abzug gefordert und zugesagt bekommen. Diese Abmachung wurde vorerst eingehalten, die Christen rückten ab, bestiegen im Hafen ihre Schiffe, und währenddessen brachten ihre noch in der Stadt verbliebenen Landsleute die türkischen Gefangenen um. Da war nun Schluss mit freiem Abzug. Blutige Vergeltung war die Folge, die Rache traf den Kommandanten am schwersten.

Marcantonio Bragadin hatte als Gouverneur eine nicht mehr zu bewältigende Aufgabe gehabt. Die Türken waren nicht aufzuhalten. Als sie nun im August 1571 Zypern und Famagusta eingenommen hatten und jetzt ihr Rachewerk an den Christen verübten, waren sie an Grausamkeit nicht zu übertreffen.

Dem Kommandanten Bragadin wurden Nase und Ohren abgeschnitten, er sollte zum Islam übertreten, er weigerte sich. Er wurde unter dem Jubel der osmanischen Soldaten öffentlich gefoltert, dann zog man ihm die Haut ab, stopfte sie mit Heu aus und setzte diesen Popanz auf einen Ochsen. So zog man zum Spott durch Famagusta, köpfte die anderen hohen Offiziere und schmückte mit den blutigen Häuptern den Bug der Galeere des türkischen Kommandanten.

Alle diese Geschichten, und das in zahllosen, durch die mündliche Weitergabe wohl noch vergrößerten, brutalen, grausamen Details, kamen nach Venedig, wurden von Mund zu Mund und

Der Architekt Vincenzo Scamozzi (1548–1616), porträtiert von Paolo Veronese

von Generation zu Generation weitergegeben in ihrer ganzen Blutrünstigkeit. Für Bragadins Haut bezahlten die Venezianer 1580 ein hohes Lösegeld. Einer seiner Brüder brachte die sterblichen Reste aus Konstantinopel an die Lagune.

Man brachte Bragadins Märtyreropfer alle nur mögliche Ehre entgegen. Was von ihm noch übrig war, außer der Erinnerung, kam in eine Urne. Für sie schuf Vincenzo Scamozzi – zumindest schreibt man ihm die nicht ganz sichere Urheberschaft zu – ein prachtvolles Grabmal in der Kirche Santi Giovanni e Paolo, auf Venexian *Zanipolo*. Ein schwarz-weißes Fresko stellt das Ende des venezianischen Helden dar. Vor einigen Jahren hat man die Urne geöffnet – und hat tatsächlich noch des armen Bragadin Haut daraus entnommen.

Alle diese historischen Tatsachen werden von den Venezianern mit dem Palazzo der Contarini dal Zaffo in Verbindung gebracht – man kannte den direkten Bezug zu Zypern, dachte dann auch gleich an Famagusta und die ermordeten venezianischen Offiziere ... Und als die Familie am Ende der Republik den Palazzo um 1800 aufgab, wuchsen die Legenden.

Die Barken, die nächtens durch den Kanal an den Fondamenta Contarini fuhren, galten bald als Schmugglerschiffe. Flaneure, die, von Neugier angezogen, hierherspazierten, berichteten von seltsamen Beobachtungen. Als die vom Zahn der Zeit nicht verschonten Fenster zu klappern begannen, hatte das natürlich ganz andere Gründe. Hier wohnten unerlöste Gespenster!

Zwar widersprachen manche Seeleute, die das Haus mit seinen langsam leeren Fensterhöhlen passierten, andere aber wirkten eifrig mit am entstehenden Seemannsgarn. Da hatte einer schon einen blutenden Leichnam aus einem Tor kommen gesehen, einer die schaurigen Gesänge nächtlicher Orgien gehört.

Das Haus wurde immer wieder am Immobilienmarkt angeboten, aber vergeblich. Während das Hauptgebäude, der eigentliche Palazzo, eine neue Aufgabe als Altenheim fand, blieb das Nebengebäude ohne Mieter. Käufer fanden sich schon gar nicht.

Hier ruht Marcantonio Bragadin: Basilica Santi Giovanni e Paolo (Francesco Guardi, um 1760)

Bis eine Familie aus Schottland auf die prominente Liegenschaft stieß, es war um die Mitte der Siebzigerjahre des vorigen Jahrhunderts. Bis dahin war es für Ausländer nicht leicht, eine Wohnung in Venedig zu erwerben, erst mit der Europäischen Gemeinschaft hatte man Chancen.

Das britische Königreich war 1973 zur EG gekommen, die Familie begann um den Preis zu verhandeln. Zwar hatte sie schon bald von den zahlreichen Sagen und Legenden gehört, die sich um das Haus rankten, doch sie hatte einen klingenden Namen und berühmte kriegerische Vorfahren. Allerdings besaß sie in dem burgenreichen Land keine Burgen, keine Ruine. Schlossgespenster waren trotzdem für sie nichts Ungewöhnliches.

Selbst die Kinder, es waren vier zwischen sieben und fünfzehn Jahren, freuten sich auf die kommenden nächtlichen Abenteuer.

Der Immobilienhändler hieß – nun, da er schon lange nicht mehr am Leben ist, darf man wohl seinen Namen nennen, keine verdeckte Werbung – Elio Baracca.

Kaum hatten die Schotten ihm ihre Absicht erklärt, kam er mit dem Vorschlag des Nebentrakts des Palazzo Contarini.

Die Familie, Vater, Mutter, die Kinder und eine alte Tante als Babysitter, inspizierte den weitgehend desolaten Bau – und fand ihn sehr akzeptabel.

In ihrem Hotel berichteten sie von ihren Kaufplänen und wurden auf der Stelle gewarnt. Aber das fand bei der gespenstererfahrenen Familie kein Gehör. Der Vater erklärte immer wieder lachend, die Venezianer mögen Oscar Wildes *Canterville Ghost* lesen, dann würden sie bald erfahren, wie ihresgleichen mit derlei Phantomen umzugehen pflegte, auch wenn sie keine Amerikaner wären.

Freilich hatten Zimmermädchen und Hausdiener auch vom

Der Garten des Palazzo Contarini dal Zaffo im 18. Jahrhundert

gehäuteten Bragadin erzählt, wie sie meinten, um den Kindern eine Freude zu machen.

Jedoch war man immerhin so vorsichtig, es vor Vertragsunterzeichnung auf eine Probeübernachtung ankommen zu lassen, Signor Baracca ging gerne auf den Vorschlag der Familie ein. Ein Datum wurde vereinbart.

August 1974. Man brachte Campingbetten in den verkommenen Palazzo, sehr zur Freude der Kinder. Die aufgeregte kleine Gesellschaft bezog kichernd ihr Quartier im Palazzo-Seitentrakt, sie trugen quer durch den Park Sandwiches, Muffins, Tramezzini, Cheesecake, ganze Körbe, Whisky, Weißwein, die Plüschtiere der Jüngsten als Assistenten zum Einschlafen. Das Hotel war der

Familie in den Vorbereitungen zur Seite gestanden und hatte sogar an Kerzenleuchter und Ersatzkerzen gedacht.

Die siebenköpfige Gesellschaft nahm an diesem Abend im Hotel keine Mahlzeit mehr zu sich, in Vorfreude auf das Picknick im Schloss. Und so ging es per Wassertaxi zum Palazzo Contarini dal Zaffo.

Der Vater hatte die Campingbetten auf drei nebeneinanderliegende Räume aufgeteilt, im schönsten Raum wurde getafelt. Und dann kam die Nacht.

Es war eine ruhige, ohne Regen, es gab kein Gewitter, nur der Nachtwind brachte hin und wieder die locker in den Angeln hängenden Fensterflügel ein wenig in Bewegung, das hatte leises Knarren zur Folge.

Lange, wohl mehr als eine Stunde, dauerte es, bis die Aufgeregten Schlaf fanden. Die Kinder, die alle versichert hatten, sie würden wach bleiben und alles genau beobachten, schliefen als Erste. Die Tante hatte einen Leuchter neben ihr Bett gestellt, doch der temporäre Hausherr blies alle Kerzen aus, der Sicherheit wegen.

Die Hotelmitarbeiter berichteten später in sehr unterschiedlichen Variationen vom weiteren Verlauf dieser Nacht. Naturgemäß war es vor allem der Nachtportier, der sich exakt erinnerte. Das älteste der Kinder, ein Bursche von fünfzehn Jahren, war gegen zwei Uhr am Morgen vor dem Hotel gestanden, unentwegt die Nachtglocke bedienend. Er hatte den Weg vom Geisterhaus zum Hotel erstens gefunden, was schon eine ungewöhnliche Leistung war, und zweitens in sehr kurzer Zeit, wenn denn seine Angaben stimmten. Er brauchte ein Wassertaxi oder irgendein Motorboot mit Fahrer, und das sofort.

Der Portier war zwar skeptisch, dennoch bald erfolgreich und konnte einen Motoscaffista mit eigenem Boot überreden, sich durch einen unerwarteten Auftrag eine schöne Summe zu verdienen – von San Marco zum Hotel und mit dem Jungen dann zur Madonna dell' Orto und dem danebenstehenden Palazzo.

Im Garten standen und saßen die übrigen sechs Familienmitglieder, schweigend, mit ihren Decken über den Schultern. Und schweigend ließen sie sich zu ihrem Hotel bringen.

Alle vier Kinder verlangten, in dieser Nacht in den beiden Zimmern ihrer Eltern zu schlafen.

Am nächsten Morgen war allerdings keine Rede mehr von Schweigen. Der Immobilienhändler war zur Vertragsunterschrift gekommen, doch er wurde enttäuscht, noch bevor er sich in der Hotelhalle gesetzt hatte. Die Mutter und die Tante machten ihm sofort heftige Vorwürfe, während die Kinder einem Hoteldiener, den Zimmermädchen, den Tagportiers zum fünften Mal ihre Erlebnisse beschrieben. Der Vater brachte wenige Minuten später wieder Ruhe in die kleine Gesellschaft. Er war sichtlich verlegen, nach langem Erzählen war ihm nicht zumute. Er beschränkte sich auf einige Mitteilungen von »Tatsachen«, wie er sagte.

Ohne jeden Zweifel war der schottischen Familie in dieser Nacht alles an Phantomen erschienen, was die Geschichte des Hauses auch nur gestreift hatte.

Zuerst Klopfgeister, das kannte man, aufspringende, wenn auch versperrte Türen konnten die Erfahrenen auch nicht erschrecken. Es folgten schauriges Geheul und Skelett-Erscheinungen, alles, was man sich nicht wünscht – aber erst die kopflose Rittergestalt, über der das blutige Haupt durch die allerdings weitgehend dunkle Nacht zu fliegen schien, führte zu hysterischen Anfällen. Der Aufschrei der ganzen Gruppe, die sich mittlerweile in einem einzigen Raum zusammengedrängt hatte, machte dem Spuk ein Ende. Ab da blieb es still, kein Klopfen, keine weiteren Erscheinungen. Weil niemand mehr in dem Haus bleiben wollte, erklärte sich der allein vernünftig gebliebene Alasdair einverstanden, seinem Heldennamen Ehre machend, ein Wassertaxi zu suchen.

Herr Baracca hörte sich alles an, nahm nichts ernst und kündigte an, er werde am nächsten Tag wiederkommen. Doch man hatte sich zu vorzeitiger Abreise entschlossen, an einen Miet- oder gar Kaufvertrag sei nicht mehr zu denken.

Und so trat der Immobilienhändler voll Ingrimm den Rückzug an. Er versuchte noch, die unerklärlichen Phänomene jener Nacht als Störaktionen seiner Konkurrenten zu deuten, aber man hörte ihm nicht mehr zu und war in Gedanken und voll Sehnsucht schon am Bahnhof.

Die Familie reiste ab, sie dürfte nicht wiedergekommen sein, jedenfalls nicht in dieses Hotel.

Die Geschichte kam mir nur zu Ohren, weil mein venezianischer Freund Ruggero von meinem Buchplan berichtet hatte – und einer seiner Bekannten anbot, etwas Erzählenswertes beizutragen. Auch er befasse sich mit einem Buchprojekt, über seine jahrzehntelange Erfahrung im Handel mit Wohnungen, Palazzi, Landhäusern, nebst all dem Skurrilen und Lustigen, das er dabei erlebt hatte. So lernte ich Herrn Baracca kennen und durfte mir aus seinem Manuskript wählen, was ich wollte. Da aber das Erlebnis mit der schottischen Familie das einzige zum Thema blieb, war die Lektüre nur begrenzt hilfreich.

Allerdings erzählte mir Herr Baracca schließlich doch noch mehr zur Vergangenheit dieses Gartentrakts, den er nur die *stregata casa* nannte, das verdammte Haus. Auch in der schriftlichen Schilderung des Erlebten erschien der Palazzo nur als *dannato*, verflucht. Doch er gebrauchte dieses Schimpfwort nicht wie

Palazzo Contarini dal Zaffo heute

damals halb Venedig, sondern weil alle seine Versuche, mit dem Haus Gewinn zu machen, vergeblich geblieben waren.

Zögernd beantwortete Elio Baracca schlussendlich auch meine Fragen nach einem Vorfall, der angeblich sogar gerichtlich untersucht worden war, also kein Gerücht, kein bösartiger Störversuch der Konkurrenten am umkämpften Immobilienmarkt sein konnte.

1929 hatte man in den leeren Räumen des Casino degli spiriti mehrere Leichen gefunden – vier tote Männer. Zwei von ihnen waren Brüder, mehr wusste weder der *Gazzettino* noch Herr Baracca, einer war ein Gondoliere, der vierte ein Priester. Alle vier Männer waren geköpft worden.

Die Untersuchungen gingen in Richtung Schmuggel, doch man hörte auch eine ganz andere Deutung. Im Salone, dem großen Saal, sollen Schwarze Messen stattgefunden haben, warum also nicht auch einmal Menschenopfer?

Immerhin hatten die sieben Schotten zumindest von dieser Sache wohl nichts gehört.

Der Fluch der Äbtissin

Das ist die Geschichte einer ungewöhnlichen Karriere, eines glücklichen Lebenswegs bis zum jähen Tod am 21. Mai 1910.

Jeder Venedigreisende kennt das Gebäude. So wenig venezianisch der Bau, so wenig venezianisch der Name – Stuckymühle. Der italienische, der gebräuchliche Name ist nicht minder exotisch – il Mulino Stucky.

Der Vorgängerbau hingegen war der Inbegriff von »typisch Venedig« – ein Kloster, Santi Biagio e Cataldo. An ihn erinnert hier nichts mehr, außer dem Kanal, an dem die einstige Mühle steht, dem Rio di San Biagio.

Frankreich hatte der Serenissima 1797 ihr Ende bereitet, hatte Venedig den Österreichern im Tauschweg übergeben. Aber ab 1806 holte sich Napoleon seine Beute an der Lagune zurück, und nun begann das große Sterben der Klosterbauten und Kirchen. Sechzig Klöster, vierundzwanzig Kirchen wurden aufgelöst, von den einst 187 Gotteshäusern wurden siebzig der Spitzhacke preisgegeben. Zu den schmerzlichsten Verlusten zählt die Kirche San Geminiano, ein Werk von Jacopo Sansovino – abgebrochen für einen Thronsaal für Napoleon und seinen Stiefsohn Eugène an prominenter Stelle, gegenüber der Markuskirche. Statt ihr hat man den jüngsten Teil der Piazza erbaut, die Ala Napoleonica.

Das Kloster der Heiligen Biagio und Cataldo wurde zwar aufgelöst, aber nicht zerstört – noch nicht. Es durfte noch einige Jahrzehnte stehenbleiben, vorerst im Besitz eines österreichischen Fabrikanten.

1881 wurde das einstige Kloster mitsamt der Kirche und dem kompletten Areal von einem erfolgreichen Mühlenbesitzer erworben – von Giovanni Stucky. Er kam 1843 in Venedig zur Welt, seinen so unvenezianischen Familiennamen hatte er von seinem Vater Hans, der aus Münsingen im Kanton Bern stammte. Der war als Müller sehr tüchtig, war 1841 nach Venedig übersiedelt und hatte eine Tochter der Stadt geheiratet.

Der Sohn erbte den Geschäftssinn des Vaters und dessen Hand-

Jacopo de Barbari: Plan von Venedig, 1500, links unten der Beginn der Insel Giudecca

werk. Zuhause machte er seine ersten beruflichen Schritte, im Mühlenbetrieb des Vaters in Mogliano, einem Venedig benachbarten Städtchen. Doch das genügte ihm nicht, in Wien setzte er seine Ausbildung fort, wurde Mechaniker, dann ging er wie einst die Müllergesellen auf Wanderschaft durch halb Europa – und studierte überall dem Mühlenwesen nach.

In Ungarn lernt Stucky eine neue Technik kennen – nicht Mühlsteine zerreiben das Korn, sondern zwei gegeneinander rotierende Zylinder. Für Pasta braucht man das proteinreiche Hartweizenmehl, für Brot feines Weichweizenmehl, mit der neuen Methode ist die Erzeugung weit effizienter.

Giovanni Stucky kauft in Venedig eine dampfbetriebene Mühle, er wird künftig den Transport des Getreides zur Mühle, des fertigen Mehls zu den Händlern auf dem Wasserweg durchführen. Das ist weit günstiger als der traditionelle Landweg. Und nun plant der ehrgeizige Tüftler eine ganz große Mühle mit modernster technischer Einrichtung.

1880 entschließt er sich zum Kauf eines ausgedehnten Grundstücks auf der Giudecca – hier, am breiten Kanal, können die Frachtdampfer anlegen, hier wird er bauen. Und deshalb muss der alte, seit Jahrzehnten verlassene Klosterbau von Santi Biagio e Cataldo weichen, mitsamt der Kirche. Dafür wird 1884 der *mulino a cilindri* eröffnet, die modernste Mühle Europas. Sie kann fünfzig Tonnen Mehl pro Tag liefern, die Menge wird weiter gesteigert, 1887 beträgt die Kapazität täglich zweihundert Tonnen. Dazu braucht man aber größere Silos. Stucky plant weiter.

Er ist mit seiner Familie inzwischen auch privat auf der Giudecca zu Hause, mit seiner österreichischen Ehefrau, einem Sohn und den drei Töchtern. Das Haus der Familie ist das erste Gebäude der Stadt mit elektrischem Licht. Und Giovanni Stucky, mittlerweile Cavaliere Stucky, ist noch lange nicht am Ziel.

Die Mühle ist ihm immer noch zu klein. Das Geschäft geht gut, also soll wieder gebaut werden. Ein Architekt aus Deutschland, Ernst Wullekopf, Spezialist im Industriebau, wird einen Silo für 8000 Tonnen errichten. Der Hannoveraner entwirft einen Speicher im hanseatischen Stil, ähnlich den Backsteingebäuden in

Büste von Giovanni Stucky im Areal des Hotels Molino Stucky

Hamburg, neun Stockwerke, ein Turm. 1895 liegen die Entwürfe vor – und werden von der Baukommission abgelehnt als zu unvenezianisch.

Stucky gibt nicht nach. Er droht mit Verlegung der Produktion an einen anderen Standort, rund 200 Arbeitsplätze sind in Gefahr. Die Stadt gibt nach. Wullekopfs Plan wird durchgeführt.

1903 wird eine Pastafabrik erbaut, 1907 folgen weitere Silos. Der *Principe dei mugnai*, der Müllerfürst, wird nun für die schönste Mühle Italiens gelobt. Jedenfalls ist das die größte – und zwar von Europa! 1500 Arbeiter werken nun dort, der Betrieb steht niemals still – 24 Stunden pro Tag.

1908 übergibt Giovanni Stucky den Produktionsbetrieb seinem Sohn Giancarlo. Er wendet sich mit fünfundsechzig Jahren anderen Projekten zu – vor allem der Kunst. Auch hier plant er in großem Maßstab, er kauft den Palazzo Grassi am Canal Grande.

Dort wird 1909 gefeiert – fünfundzwanzig Jahre Stuckymühle, ein glänzendes Fest. Ein Jahr später ist Giovanni Stucky tot.

21. Mai 1910. Der Patriarch ist auf dem Weg zum Zug, Abfahrt 18.56 Uhr, nach Portogruaro. Dort wartet die Familie mit dem Abendessen in der Villa. Giovanni wird von Giancarlo begleitet, dem Sohn. Augenzeugen werden später berichten, sie hätten Vater und Sohn an diesem Tag auch schon bei einem späten zweiten Frühstück im Café Florian gesehen, der Vater sei von ansteckender Fröhlichkeit gewesen.

Als er über die Stiegen dem Eisenbahnzug entgegenschreitet, stürzt sich ein kleiner, untersetzter Mann auf den mit 192 cm Länge imposanten Stucky und schneidet ihm mit einem Rasiermesser die Gurgel durch. Der Kehlkopf und die Halsschlagader sind durchtrennt.

Der Mörder heißt Giovanni Bruniera, trägt den Spitznamen »Fatutto«, er ist fünfunddreißig Jahre alt. Früher hat er im Mulino Stucky gearbeitet, schon einmal den Patron bedroht, wurde dafür eingesperrt. Auch danach hat er immer wieder seinen früheren Dienstherrn beschimpft. Jetzt wischt Bruniera sein blutiges Messer ab, klappt es zusammen, steckt es in die Tasche und geht in aller Ruhe weiter – in der Hoffnung, so werde er kein Aufsehen erregen. Aber man hat ja den eindrucksvollen bekannten Herrn gesehen und also auch den Mord mitverfolgt, es gibt mehrere Augenzeugen. Bruniera ist auf der Stelle gefasst worden.

Innerhalb einer Viertelstunde strömen die Venezianer im Bahnhofsgebäude zusammen. Viele weinen, vor allem Giancarlo, der den toten Vater schluchzend umarmt. Der Arzt Dr. Tormai erklärt Giovanni Stucky nun offiziell für tot.

Im Verhör erklärt Bruniera, er habe den Auftrag zum Mord vom Präsidenten von Argentinien bekommen, dann auch von König Umberto I. Er sei nur länger nicht sicher gewesen, ob er den Vater oder den Sohn umbringen sollte. Für den Vater entschied er sich, weil dieser der Ältere war. Giovanni Stucky sollte auch bestraft werden, weil er dafür gesorgt hatte, dass es auf der Giudecca keine Bordelle mehr gab.

Auch in den folgenden Verhören kann er nur wirre Antworten geben, ein Anarchist? Eine Zeitung bringt das Gerücht auf, der Mörder sei ein unehelicher Sohn Stuckys. Es wird sofort dementiert, Bruniera wird für geisteskrank erklärt. Doch die beiden wichtigsten Gutachter, die Professoren Tamassia und Cappelletti, sind sicher, der Mörder sei ein Simulant und voll verantwortlich für seine Tat.

Der letzte Weg Stuckys führt von seinem Palazzo Grassi auf die Toteninsel von San Michele, in die Kapelle der Familie. Tausende Menschen begleiten ihn. Der Ermordete hatte an seinem großen Vermögen viele von ihnen teilhaben lassen, hatte ein offenes Herz für die Armen, hat viele Arbeitsplätze geschaffen, die Kunst, vor allem die eben erst gegründete Biennale, gefördert.

Der *Gazzettino* berichtet in seiner Würdigung: »Er war aufs großzügigste allgemein hilfsbereit. Niemand kam vergeblich zu ihm, wenn man um Hilfe und Unterstützung bat, viele Familien auf der Giudecca erhielten von ihm regelmäßige Zuwendungen.«

Sieben Monate später steht Bruniera vor Gericht. Am 10. Dezember 1910 wird der Mörder bis ans Lebensende ins Zuchthaus geschickt.

Sein Onkel mütterlicherseits, der also nicht denselben Namen trägt, gibt dem *Gazzettino* Antworten: »… wir von der Familie haben alle für die Mühle gearbeitet, haben unser Brot verdient, wurden gut behandelt. Ich hätte es niemals für möglich gehalten, dass solch ein Mann wie Cavaliere Stucky, die Güte in Person, ein derartiges Ende nimmt.«

Dessen Schwager, Brunieras Vater, legt sich in sein Bett und wird bis an sein Lebensende das Haus nicht mehr verlassen.

Der Tod des allgemein geschätzten, ja beliebten und verehrten Mannes hat die Venezianer erschüttert. Und doch wundern sich manche nicht – bei allem Erfolg ist am Beginn dieses Aufstiegs nicht nur das väterliche Erbe gestanden, sondern auch eine Herausforderung des Schicksals. Den alten Konvent von San Biagio und San Cataldo zu zerstören, das musste sich ja eines Tages rächen, wird gemunkelt. Auf dem Grundstück lastet ein Fluch – das wusste man ja längst, auch noch in diesen Tagen im aufgeklärten 20. Jahrhundert. Ja, selbst das 21. Jahrhundert vermag noch einen Nährboden für solche Gedanken zu bieten. Denn am Nachmittag des 15. April 2003 drang Rauch aus dem Bau, der seit Jahren schon Baustelle ist, aus dem einstigen Kornspeicher, dem prominentesten Teil des imposanten Gebäudes. Die Wände gaben nach und stürzten in den Rio di San Biagio, die Feuerwehr war machtlos. Erst durch Hilfe aus der Luft kam der Großbrand unter Kontrolle, durch die Unterstützung von zwei Hubschraubern.

Der Brand des Teatro la Fenice war in heller Erinnerung – sollte

Der Brand des Mulino Stucky am 15. April 2003

auch im Falle des Mulino Stucky Brandstiftung vorliegen? Durch unredliche Handwerker, die ihre Termine nicht einhalten konnten wie damals? Oder um dem Denkmalschutz zu entkommen?

Ja gewiss, Brandstiftung, aber nicht durch Handwerker. Ältere Venezianer, die schnell zuerst in Person und danach mit ihrer Meinung zur Stelle waren, wussten es genau – schließlich hatte man ja in den Fensterhöhlen des alten Fabriksgebäudes den Widerschein der Fackeln erkennen können! Der Fluch der Äbtissin! Sie und ihre Nonnen haben den Frevel von 1881 geahndet, denn der Tod des Bauherrn war ihnen nicht Strafe genug gewesen. Dazwischen hatten die Schwestern ja auch noch für den Untergang des vordem florierenden Unternehmens gesorgt.

Giancarlo Stucky hatte das Erbe seines Vaters weiter emporgeführt, die Produktion noch gesteigert – Tag für Tag 500 Tonnen

Mehl und 30 Tonnen Pasta. Aber nur noch wenige Jahre floriert das Unternehmen. Die Konkurrenz ist groß, der Transport auf dem Landweg kein Problem mehr. Und direkt vor die Nase setzte man Stucky junior einen Industriekomplex mit eigenem Hafen, Marghera. Doch der erfahrene Unternehmer setzt auf die Zukunft und beteiligt sich an dem Projekt, zusammen mit den venezianischen Grafen Volpi und Cini. Das große Vorhaben führt zum Untergang Stuckys – die Mühle liegt abseits, die einst bahnbrechende Technik ist überholt und unmodern, der neue Hafen bietet der Industrie zusätzliche Möglichkeiten. Und der Erste Weltkrieg trägt zum Ende bei. Stucky wandelt seine Firma in eine AG um, Conte Vittorio Cini übernimmt die Aktienmehrheit – und ebenso den Palazzo Grassi. Im Zweiten Weltkrieg wird der Mühlenkomplex von der deutschen Wehrmacht beschlagnahmt.

1941 starb Giancarlo Stucky – aus Kummer über den Ruin oder durch Selbstmord ist nicht geklärt worden.

Und was wurde aus dem Lebenswerk von Stucky senior? Auch Vittorio Cini war nur scheinbar vom Glück verfolgt – sein einziger Sohn starb 1949 bei einem Flugzeugunglück.

Der Graf konnte die Mühle und die Fabrik nicht retten, der Betrieb war unrentabel geworden, 1955 endgültig am Ende, und musste geschlossen werden. Die letzten 500 Arbeiter und Angestellten hielten den Bau für einige Wochen besetzt, dann mussten auch sie aufgeben.

Der Verfall der Silos und Fabrikgebäude setzte ein, eine neue Verwendung fand sich nicht. Einmal noch, knapp vor dem Ende, hatten die Mauern kurzen Glanz erlebt. Hier wurden weite Teile von *Senso* gedreht, Regie Luchino Visconti, Drehbuch Visconti und Giorgio Bassani. Die Reste der Filmkulissen lagen noch viele Jahre in der langsam zuwuchernden Ruine, bis sich endlich eine

Lithografie der Beata Juliana di Collalto

Lösung fand – ein Hotelprojekt. 1998 begann der Umbau, unterbrochen durch die Feuersbrunst von 2003, wenige Jahre später, 2007, wurde das Hilton Molino Stucky eröffnet, das bettenreichste Hotel der Serenissima, 380 Betten, ein Kongresssaal für

1500 Besucher, auf dem Dach ein Swimmingpool. Der Giebel trägt noch immer den Namen des Visionärs Giovanni Stucky.

Wer sich entschließt, hier Quartier zu beziehen, muss nichts mehr befürchten. Es hat sich ausgespenstert, der Mulino Stucky ist sozusagen entgeistert.

Und das ist kein Wunder, denn wer war diese Äbtissin? Besser – wer ist sie? Beinahe eine Heilige, den Status einer Seligen hat sie schon verliehen bekommen.

1186 kam Juliana di Collalto zur Welt, geboren in der Provinz Treviso, in Susegana. Sie entstammte einer alten Familie, die in den folgenden Jahrhunderten weiter aufsteigen wird – bis zum Fürstenrang. Mit zwölf Jahren geht sie ins Kloster, und noch in ihren Jugendjahren übernimmt sie die Aufgabe, den heruntergekommenen Konvent von San Cataldo auf der venezianischen Insel Spinalonga, die wir schon längst Giudecca nennen, in Ordnung zu bringen. Dort gründet sie ein neues Kloster, wird den Armen eine Wohltäterin, stirbt mit sechsundsiebzig Jahren, also hochbetagt für ihr 13. Jahrhundert. Und diese Frau soll sich Jahrhunderte nach ihrem Tod mit Rache befasst haben?

Wer sich auf ihre Spur begeben möchte, wird im Mulino Stucky nicht fündig werden, wohl aber im Museo Correr. Dieses Haus der Stadtgeschichte Venedigs besitzt den Sarg der seligen Juliana Collalto. Sie war auf dem Friedhof ihres Klosters begraben worden, dreißig Jahre später wollte man die hoch Verehrte in der Kirche selbst beisetzen. Da erwies es sich, dass der Leichnam unversehrt war wie am Todestag. Der prächtige Holzsarg hat nach der Zerstörung des Klosterbaus ins Museum gefunden. Ihre Reliquien aber liegen in der Kirche des Ortes, der ihr und ihrer Familie seinen Namen gegeben hat – Collalto.

Kampf gegen Rom

Glück gehabt!
Padre Paolo Sarpi

Im historischen Zentrum, am Campo Santa Fosca, steht das Denkmal von Paolo Sarpi, geschaffen von Emilio Marsili im Jahr 1892. Die Kirche, neben der die Statue steht, die Servitenkirche, liegt in der Strada Nova, die parallel zum Canal Grande läuft, und wer das Standbild des mutigen Fra' Paolo bewundert hat, möge sich umwenden.

Hier findet man eine große Seltenheit, die Apotheke Santa Fosca mit der zu ihr gehörigen alten Apotheke »All'Ercole d'Oro«, mit den originalen Möbeln, den Gefäßen und Aufschriften aus der Zeit des Apothekers Giovanni Zannichelli um das Jahr 1700. Er hat auch ein Buch verfasst über »Pflanzen von den Stränden Venedigs«, 1735.

Wer war Paolo Sarpi? Da wollen wir ausnahmsweise ein wenig ausholen. Dafür triefen die nächsten Seiten nicht so sehr von Blut, wie doch viele andere in diesem Buch. Was war ihm widerfahren, dass ihm ein ganzes Kapitel gewidmet ist?

Vieles ist ihm widerfahren. Der »lange, mächtige Arm Roms« holte ihn in seiner Heimatstadt Venedig ein, mehrmals. Dabei hatte man ihn gewarnt – der deutsche Theologe Kaspar Schoppe, konvertierter früherer Lutheraner, stand in engem Kontakt mit der Kurie in Rom und vertraute Sarpi an, »der Papst, als ein mächtiger Fürst, habe einen langen Arm … und wenn es ihm in den Sinn käme, morden zu lassen, so mangelte es ihm nicht an den Mitteln«.

Das wurde bald bewiesen.

Sarpi hat Mut gehabt. Er drohte indirekt dem Papst – »Ich sage es ohne Scheu, daß die Päbste bey dieser unermeßlichen Macht, die sie haben, mehr aus Respekt in Schranken bleiben, es möchte etwa auch Italien und Spanien die Lehre von der Hoheit der Kirchenversammlung über den Pabst auf das Tapet bringen, die man in Frankreich und Deutschland angenommen.«

Dem Papst in Rom zu sagen, er sei in Sorge, dass er sich in Italien und Spanien den gleichen Ärger zuziehen könnte, den er schon in Frankreich und Deutschland habe, er bleibe nur deshalb »in Schranken«, das war schon mehr als mutig, notabene in den Jahren zwischen 1552 und 1623, der Lebenszeit von Sarpi.

Allerdings war man als Venezianer in spezieller Lage. Venedig sah zuerst sich, den Großen Rat, den Senat, den Rat der Zehn, dann lange nichts, dann erst Rom. Wie die Serenissima sich einst nicht von Ostrom, von Byzanz, hatte gängeln oder gar einschüchtern lassen, so sah sie nun den Rat der Zehn als absolute oberste Instanz an. Als die Inquisition sich des Paolo Veronese bemächtigen wollte, weil er ein ihr nicht genehmes »Letztes Abendmahl« für den Konvent von Santi Giovanni e Paolo geschaffen hatte, war der Abgesandte Roms ohne Chance. Und wäre Giordano Bruno, den Sarpi gut gekannt hat, in Venedig geblieben, statt nach Rom weiterzuziehen, so hätte er sein Ende nicht auf dem Scheiterhaufen am Campo de' Fiori gefunden. Und auch Galileo Galilei stand unter dem Schutzschild der Serenissima, bis er Florenz vorzog, sein Schweigen brach, dem Heiligen Offizium widersprach und schließlich im Gefängnis und im lebenslangen Hausarrest landete.

1761 ist das Buch von Francesco Griselini erschienen, *Denkwürdigkeiten des berühmten Paolo Sarpi, ehemaligen Serviten in*

Fra' Paolos Denkmal am Campo Santa Fosca

Venedig oder Merkwürdige Anecdoten zu dem Leben und Schriften dieses berühmten Mannes.

In diesem Jahr erfreut sich die Aufklärung längst ihrer Folgen – 1750 hat Florenz beschlossen, in seiner Kirchenpolitik den Spuren des aufmüpfigen Venedig zu folgen, bald wird Kaiser Josef II.

in Österreich seine romfeindlichen Reformen beginnen, den Papst selbst bei seinem Wien-Besuch nicht respektieren, wird das revolutionäre Frankreich den Heiligen Vater 1796 aus Rom nach Frankreich verschleppen, wird ein Konklave nur unter militärischem Schutz von Österreich in Venedig im Kloster von San Giorgio Maggiore möglich sein, aus dem dann nach mehreren gescheiterten Wahlversuchen im März 1800 Pius VII. hervorgeht, weil er Frankreich und Österreich auch genehm ist.

Da musste also Griselini mit seinem Sarpi-Huldigungsbuch nicht eben mutig sein. Der Gegenstand dieser Huldigung hingegen bewies Mut, wenn auch unter Venedigs Schutz.

Sein Biograf schreibt, Sarpi wäre »gleichsam zur Mathematik geboren« und nur ein »ungefährer Zufall« habe ihn erst zum Juristen, dann zum Theologen bestimmt. Er hatte, übersetzt, das Amt des »theologischen Staatskorrektors« inne, wurde jedoch exkommuniziert, wegen seines strikten Widerspruchs in vielen Fällen. Er machte in Rom geradezu Propaganda für die Gedanken der Reformation.

Sarpis Ruhm wuchs dadurch von Jahr zu Jahr. »In Venedig zu sein, ohne den Sarpi zu grüßen« – das meint natürlich »zu begrüßen« –, das sei ebenso viel gewesen, »als am hellen Mittag die Sonne nicht zu erblicken«. Aber auch der Ruhm konnte Fra' Paolo nicht schützen.

Die Kirche von Santa Fosca steht schon lange an der Strada Nova, aber diese gibt es ja erst seit 1871. Man muss sich also den Schauplatz etwas anders vorstellen, als er sich uns heute darbietet.

Am 5. Oktober 1607 um etwa 23.00 Uhr schritt Fra' Paolo seinem Konvent zu, in Begleitung des Mitbruders Fra' Marino und des venezianischen Patriziers Alessandro Malipiero, und während er die Brücke über den Rio di Santa Fosca überschritt, von den

Fondamenta Forner her, überfielen ihn fünf Männer. Sie verjagten Sarpis Begleiter mit Gewehrschüssen, sie fügten Sarpi mehrere Dolchstöße zu, der Bericht in der Biblioteca Marciana ergeht sich in zahlreichen Details. Der Chronist bezeichnet die Attentäter als *Sicari*, Fachausdruck für einen im Venedig der Renaissance gesuchten Beruf – gedungene Mörder.

Zwei standen Schmiere, drei gingen ans befohlene Werk. Es gab Augenzeugen, Frauen beim abendlichen Gespräch von Fenster zu Fenster. Die Sicari stachen etwa fünfzehnmal auf Sarpi ein, dem die Mönchskutte mit der Kapuze einen gewissen Schutz bot. Der Padre erlitt drei schwere Stichwunden, zwei am Hals, eine mitten ins Gesicht. Dieser Dolch war beim rechten Ohr eingetreten, neben der Nase trat die Dolchspitze aus der Wange. Der Täter war nicht imstande, den Dolch zurückzuziehen, er hatte sich in die Gesichtsknochen gebohrt und steckte, weil verbogen, fest. Sarpi war zu Boden gestürzt, die Attentäter hielten ihn für tot, sie flüchteten, liefen ins Haus des päpstlichen Nuntius und wurden mit einer dort wartenden Gondel zum Lido gebracht. Dort blieben sie bis zum nächsten Abend. Der Anführer war zuvor noch ins Jesuitenkolleg gelaufen, wo er vom Rektor P. Possevin Schriftstücke übernahm, die nach Ancona zu bringen waren. Tags darauf flohen die Täter auf einem vorbereiteten Boot mit zehn Ruderern bis Ravenna, von da nach Ancona und endlich nach Rom.

Man kennt ihre Namen: Der Anführer war Rodolfo Poma, früher ein venezianischer Kaufmann, der nach Neapel, dann nach Rom gezogen ist. Dort wurde er ein Vertrauter des Kardinalstaatssekretärs Scipio Borghese und dessen Onkels, Papst Paul V. Seine Kumpane waren drei erfahrene Fachleute, Alessandro Parrasio, Giovanni da Firenze und Pasquale da Bitonto.

Als Kundschafter und Planer diente dem Quartett ein Priester, der Bergamaske Michiel Viti. Er übte sein geistliches Amt in der Pfarre von Santa Trinità auf der Giudecca aus, zu der die Redentorekirche gehört. Er hatte sich lange und ausführlich vorbereitet, listenreich. Weil ihm angeblich die Predigten von Padre Fulgenzio Micanzi, der Sarpi nahestand, so gefielen, kam er jeden Morgen zu den Serviten, zum Eingang für die Klosterschüler. In ehrerbietigem Ton besprach er sich mit ihm und ließ sich auch in manchen Gewissensfragen beraten.

Wer war dieser Padre Fulgenzio? Geboren 1570 in Passirano bei Brescia als Paolo Micanzi war er in den Servitenorden eingetreten und hatte den Ordensnamen Fulgenzio angenommen. Im Jahr 1600 hatte er in Bologna als Theologe promoviert, dann in Vicenza unterrichtet und ist 1606 dem Ruf Paolo Sarpis nach Venedig gefolgt. Dort wurde er der Sekretär des Servitenmönchs, der seiner Heimatstadt damals als »Theologischer Staatskonsulator« diente.

Fulgenzio Micanzi verdanken wir die Beschreibung dieses Attentats, er hat die *Vita del Padre Paolo* verfasst, 1646 ist sie in Leyden, in den Niederlanden, erschienen.

Die Dolchstöße hatten keine lebensbedrohenden Wunden bewirkt, die Ärzte mussten allerdings dennoch fast Wunder wirken. Der berühmte Chirurg Girolamo Fabrici d'Acquapendente sagte, niemals zuvor habe er eine Wunde dieser Art behandelt, und meinte, das sei eben der »Stil der Römischen Curie«, wobei der Ausdruck Stil seinen Doppelsinn hatte, denn der Arzt dachte dabei auch an den Begriff für Dolch, wie er im deutschen Sprachgebrauch im Ausdruck »Stilett« steckt.

Bleibende Folgen waren die Probleme durch den Kieferbruch und mehrere Narben im Gesicht.

Fra' Paolo Sarpi genoss in Venedig ein derartig hohes Ansehen, dass gleich nach dem Attentat halb Venedig davon wusste. Eine Menschenmenge versammelte sich noch in der Nacht rund um die Servitenkirche, und von San Marco eilten die Senatoren herbei, die infolge der Nachricht eine Versammlung vorzeitig beendet hatten. Als berichtet wurde, die fünf Verbrecher hätten sich ins Haus des päpstlichen Nuntius geflüchtet, wuchs die Wut der Menschenmenge, die nun zu dessen Haus lief, sich fortwährend drohend vermehrte, brüllend Strafe forderte, sodass der Nuntius in große Furcht geriet und der Rat der Zehn zu seinem Schutz Bewaffnete schickte, um weiteres Unheil zu verhindern.

Am 27. Oktober 1607 erklärte der Senat Sarpi zu einer »Person von hervorragender Bildung, hohem menschlichem Wert und hoher menschlicher Tugend«. Der Senat übergab Sarpi ein Haus auf San Marco, dort sollten er und sein Sekretär Micanzi mit anderen Servitenmönchen leben können. Zusätzlich erwarb man für ihn eine Barke zu seiner persönlichen Sicherheit.

Fra' Paolo verzichtete auf das Hausgeschenk, aber von der Barke machte er Gebrauch, um sich die gefährlichen Wege zu Fuß durch die dunklen Winkel seiner Heimatstadt zu ersparen.

Nur wenig mehr als ein Jahr verging, da kam es zu einem neuen Attentat – beinahe, denn es wurde rechtzeitig mithilfe des venezianischen Botschafters in Rom entdeckt.

Im Jänner 1609 erfuhr man von einer Intrige, in die zwei Servitenmönche verwickelt waren, Giovanni Francesco da Perugia und Antonio da Viterbo. Sie hatten einen Schlüssel zu Sarpis Zelle kopiert, und nun sollten zwei oder noch mehr Sicari den unschuldigen Padre ermorden.

Dieses Mal galt der Kardinal Lanfranco Margotti als die treibende Kraft, so führte diese Spur in das absolute Machtzentrum der Kirche. Margotti hatte einen glänzenden Ruf als Humanist, er war die rechte Hand von Kardinal Scipio Borghese und leitete das Brevensekretariat.

Die Römische Kurie wies freilich jede Verantwortung von sich. Aber in Venedig war man nunmehr auf der Hut. In der Lebensbeschreibung Sarpis von Francesco Griselini lesen wir: »Man befahl ihm also (meint – empfahl ihm), mit niemand keinen Umgang mehr zu haben, als mit solchen, die er genau kenne.«

Die Vorsicht hatte ihre Folgen. Sarpi lebte nun unbehelligt und gut bewacht.

Zu Beginn des Jänner 1623 erkrankte er schwer, er starb am 15. Jänner.

Seine letzten Tage und Stunden verbrachte er im Gebet mit seinen Mitbrüdern.

Dennoch verstummt bis heute das Gerücht nicht, er sei innerlich den Protestanten näher gewesen als den Katholiken.

Galilei hat selbst lange Jahre nach Sarpis Tod die Erinnerung an ihn hochgehalten. In einem Brief an den einstigen Sekretär Pater Fulgenzio nennt er ihn »unseren gemeinsam Vater und Lehrer«. Paolo Sarpi hatte sich mit der Ausdehnung und Verdünnung von Flüssigkeiten befasst und Galilei davon unterrichtet. Diese Erkenntnisse des Mönchs sollen die Basis für die Erfindung des Barometers durch Evangelista Torricelli gewesen sein. Und das ist nur ein Beispiel von vielen für die Bedeutung Sarpis auf naturwissenschaftlichem Gebiet. Galilei hat zu diesem Thema in einer Streitfrage geschrieben, niemand könne besser in der Sache richten als Fra' Paolo, denn von diesem könne man ohne Übertreibung behaupten, »dass in ganz Europa ihn keiner in der Mathematik übertreffe«.

Der Biograf Francesco Griselini schreibt zum Abschluss von

Kardinal Margottis Grabmal
in der Kirche San Pietro in Vincoli in Rom

Sarpis Lebensbeschreibung: »Sein immer lebendes Denkmal sind seine Werke und diese werden mehr als Eisen und Stahl über die Zeit triumphieren.«

Der Tote im Canal
Giordano Bruno

Die Serenissima schützte ihre Bürger vor der Macht Roms. Auch ein Gast konnte Nutznießer dieses Schutzes sein – konnte! Aber ein entlaufener Mönch, aus einem Dorf bei Neapel, schon durch halb Europa geflüchtet – also bitte!

Warum wollte ihn die Inquisition ausgeliefert wissen?

In Nola bei Neapel wurde im Jänner 1548 Filippo Bruno geboren.

Sein Vater war Soldat, das war nicht unbedingt eine gute Ausgangsposition für eines Sohns Karriere. Dennoch wurde dieser Sohn eine europäische Berühmtheit und ist das auch noch heute.

Allerdings unter dem Namen, den er sich selbst wählte – Giordano, Jordanus. 1565 trat er in Neapel in den Dominikanerorden ein und wählte seinen Ordensnamen. Dort, nach kurzer Zeit, hatte er seinen ersten Konflikt mit seinen Vorgesetzten. Er verweigerte die Verehrung der heiligen Maria. Doch er konnte den Ärger offenbar wieder besänftigen, jedenfalls wurde er 1572 zum Priester geweiht.

Wie sein geistig-geistliches Leben begonnen hatte, so ging es weiter. Eine sehr abgekürzte Biografie, wir müssen ja bald wieder nach Venedig kommen:

In seinen ersten Lebensjahren begann mit aller nur möglichen Macht, der päpstlichen wie der weltlichen, die Gegenreformation. Papst Paul IV. reagierte auf die Drohungen mit dem Index und vor allem mit der Inquisition. Das bekam Giordano Bruno lebenslang zu spüren.

1560 kam er nach Neapel und bekam Logik-Unterricht bei einem Augustiner namens Varrano. Diese ersten Erfahrungen prägten sein Leben.

1566 wirft der junge Mönch alle Heiligenbilder aus der Zelle, die man ihm gerade übergeben hatte. Ketzerei wird ihm nun vorgeworfen, aber es wird ihm verziehen, im Juni legt er die Ordensgelübde ab. 1572 liest er seine erste Messe.

1576 soll er schon wieder wegen Ketzerei vor ein Ordensgericht kommen, er flüchtet, allerdings nach Rom. Von dort flieht er gleich weiter, die Inquisition ist auf seiner Spur.

1577 tritt er aus dem Orden aus, geht auf Reisen, kommt 1578 zum ersten Mal nach Venedig. Nun entwickelt er auf der Basis der Antike seine eigene Religion, die Naturphilosophie. In Genf schließt er sich den Calvinisten an, gerät auf der Stelle in Streit, fliegt aus seiner Religionsgemeinschaft, ist kurz in Haft und flüchtet dann nach Frankreich. In Toulouse bekommt er kurze Zeit einen Lehrstuhl, dann zieht es ihn nach Paris. König Heinrich III. fördert ihn, er ist ja auch kein Freund Roms.

Von ihm erhält er ein Empfehlungsschreiben, mit dem er nach England reist und sich in Oxford um einen Lehrstuhl bewirbt. Mittlerweile ist sein Hauptgegner der griechische Philosoph Aristoteles. Statt des erhofften Lehrstuhls gibt es aber nur einen Skandal, der mit Flucht endet. Diesmal geht er nach London, dort hat er Freunde. Nachdem Giordano aber nun auch in London alles besser zu wissen meint, macht er sich über das intellektuelle Niveau der Stadt lustig, und weiter geht die Reise, nunmehr zurück nach Paris. Auch hier hält er nun Vorträge gegen Aristoteles, spottet über einen berühmten und allgemein verehrten Kollegen, den Mathematiker Fabrizio Mordente, bringt es zu einem Aufruhr und muss flüchten.

Jetzt geht er nach Deutschland, bewirbt sich in Marburg, wird von der Universität abgelehnt, jedoch in Wittenberg, da hat man ein Herz für Revolutionäre, bekommt er eine außerordentliche Professur. Nun befasst sich Giordano Bruno, der schon für sein phänomenales Gedächtnis berühmt ist, mit Mnemotechnik, der Gedächtniskunst.

Nach dem Tod des – lutheranisch gesinnten – Kurfürsten von Sachsen kommt dessen Sohn, ein Calvinist, auf den Thron, Christian.

Giordano Bruno zieht weiter, nach Prag. Dort regiert Kaiser Rudolf II., selbst von Gerüchten und Verdachten umgeben, eigentlich ein Mann nach Brunos Sinn. Aber in Prag will man ihn nicht. Immerhin unterstützt der Kaiser ihn mit Geld, das er für die Reise nach Helmstedt verwendet, dort wird er Professor, aber durch verschiedene Äußerungen wird er auch von den Lutheranern exkommuniziert, also geht es weiter.

1590 kommt er nach Frankfurt, der Rat der Stadt verweigert ihm die Aufenthaltsbewilligung, er reist nach Zürich. Aber eigentlich will er zurück nach Italien, was schwierig sein muss – er hat keine Freunde mehr bei den Katholiken, den Lutheranern, den Calvinisten. Er hofft auf einen freien Lehrstuhl in Padua. Doch Galileo Galilei wird ihm vorgezogen.

Nun endlich kommen wir wieder nach Venedig – und hier ist für Giordano Bruno Endstation. Schon in Frankfurt hatte ihn Giovanni Mocenigo eingeladen, gelehrter venezianischer Patrizier, Inhaber eines Ehrenamtes der Serenissima von mäßiger Wichtigkeit. Damals hatte Bruno abgelehnt, nun erinnert er sich an ihn und ist froh, ein Zuhause zu finden.

Am Campo de' Fiori in Rom erinnert heute ein Denkmal an die Hinrichtung Giordano Brunos.

Der italienische Name Giovanni wird im Venexian zu »Zuane«. Das macht manchem Biografen Probleme, denn man meint, es handle sich um zwei verschiedene Mocenigo. So ist es aber nicht. Dieser Giovanni stammte aus allererster Familie. Vier Dogen hat sie damals schon hervorgebracht, drei weitere werden noch folgen.

In Frankfurt hatte Mocenigo erklärt, die berühmte Gedächtniskunst Brunos bewege ihn zu dieser Einladung. Was war damit gemeint?

Heutzutage gibt es eine Vielzahl von Techniken, die dem Gedächtnis helfen sollen. In Giordano Brunos Tagen war es vor allen anderen ein Mann, der für Mnemotechnik berühmt war, seit Jahrhunderten, der Katalane Ramon Llull. Als mächtiges Denkmal steht er vor der Kathedrale seiner Heimatstadt, Palma de Mallorca. An ihn lehnte sich Bruno an, von ihm lernte er und mit so großem Erfolg, dass man ihn teuflischer Umtriebe verdächtigte. So ein Gedächtnis, solche Sprachenkenntnisse, da musste etwas dahinterstecken. Und eben das wollte Zuane Mocenigo kennenlernen.

Sagte er. Aber er dürfte etwas anderes im Sinn gehabt haben. Vielleicht war das Gerücht mit der Schwarzen Kunst ja wahr …

In Venedig gibt es die Mocenigo von San Samuele und die von San Stae. Diese Linie hat ihren Palazzo hinter der Kirche von San Stae, venexian für Eustachius. Dort findet man ein wunderbares Museum, wie eine Ergänzung für das Museum in der Ca' Rezzonico. Eine Sammlung von Kostümen des Barock, Alltagskleider, Festtrachten für Damen, Herren, Kinder, Accessoires, Bilder, alles rund um die Mode. Daneben gibt es aber auch Einblicke in andere Bereiche – wie das Apothekenwesen. Farbtiegel, Fläschchen mit geheimnisvollen Flüssigkeiten, Geräte – das war die Welt des Zuane Mocenigo. Alchimie, Magisches – davon wollte er mit Brunos Hilfe mehr erfahren.

Er führte mit seinem Gast lange Gespräche, beobachtete ihn Tag und Nacht, versuchte, ihn zu überraschen – sinnlos. Keine Kontakte mit Geistern, keine Teufelserscheinungen.

Mocenigo hatte Geduld. Aber nach einigen Monaten begann er zuerst zu zweifeln und dann sich zu ärgern. Da hatte er nun Geld und Gastfreundschaft sinnlos auf dem Altar der Wissenschaft geopfert.

»Ein großer Aufwand schmählich ist vertan!«, mag er gedacht haben. Und dann hat er Giordano Bruno bei den Behörden angezeigt.

Das eben genannte *Faust*-Zitat lässt an Goethe denken. Zur Zeit von dessen Tod lag Giordano Brunos Hinrichtung schon 232 Jahre zurück. Goethe hätte zu Brunos Zeiten vieles nicht ungestraft sagen dürfen, wie die folgenden Sätze aus den *Gesprächen mit Eckermann*:

»Es ist gar viel Dummes in den Satzungen der Kirche. Aber sie will herrschen, und da muß sie eine borniete Masse haben, die sich duckt und die geneigt ist, sich beherrschen zu lassen. Die hohe, reich dotierte Geistlichkeit fürchtet nichts mehr als die Aufklärung der unteren Massen.«

So hat aber Giordano Bruno gedacht – und musste nun dafür büßen. Der enttäuschte Mocenigo denunziert ihn, fasst in drei langen Briefen im Mai 1592 seine Vorwürfe zusammen, »aus Gewissenszwang«: Ketzerei, Vielweiberei, Aussagen, es sei Torheit zu glauben, Brot könne sich in Fleisch verwandeln, es gebe keine Strafen für Sünden, er sei ein Feind Christi – und vieles mehr. Ersten Verhören in Venedig folgt die Auslieferung nach Rom zu Anfang der Jahres 1593, Bruno wird ins Gefängnis in die Engelsburg geworfen, wird immer wieder verhört, von der Inquisition, bis zum September 1599.

Am 8. Februar 1600 wird das Urteil verlesen. Giordano Bruno wird schuldig gesprochen und zum Tod auf dem Scheiterhaufen verurteilt. Am 17. Februar 1600 hat man das Urteil vollstreckt.

Im Gedächtnis der Blumenhändlerinnen zu seinen Füßen am Campo de' Fiori lebt Giordano Bruno fort, die einen verehren ihn, andere verwechseln ihn, wieder andere verachten ihn. Auch das kann man dort im Gespräch in den Cafés oder beim Blumen- und Gemüsekauf erleben. »Er hat den Papst verraten! Hat Christus geleugnet! Der musste doch bestraft werden!«

Und in Venedig lebt er an ganz bestimmten Tagen fort – an der Wiederkehr seines Todestages, jedes Jahr.

Der Palazzo Mocenigo am Canal Grande besteht aus vier nebeneinanderliegenden Palazzi. Bruno hat, wenn man von gegenüber, etwa bei der Ca' Rezzonico stehend, zählt, im vierten von links, ersten von rechts gewohnt.

Auch Venezianer, die noch nie in dieses Gebäude hineingekommen sind, wissen es. Und den Fremden wird es erzählt. Alljährlich am 17. Jänner, am Todestag Brunos also, geht hier sein Gespenst um. Im Palazzo geschehen unbegreifliche Dinge! Wasser tritt aus den Wänden, wo gar keines sein kann. Wasserhähne drehen sich selbst auf, Lacken entstehen auf Parkettböden, längst zugeschüttete Brunnen werden wieder aktiv. Alles Erschreckliche hat mit Wasser zu tun, mit dem Element, das den Philosophen vor den Flammen, vor dem Tod auf dem Scheiterhaufen hätte retten können. Aber das ist noch nicht alles ...

Giordano Bruno selbst erscheint. Man sieht ihn im Canal vor seiner einstigen Wohnung leblos in den Fluten treibend. Zwei besondere, immer wieder beobachtete Merkwürdigkeiten begleiten seine Wiederkehr: Der Leichnam ist durchsichtig, man muss sehr genau hinsehen! Und – er zeigt sich nicht jedermann. Vor allem weise ältere Menschen um die neunzig Jahre haben ihn schon ganz sicher gesehen.

Gefahren der Politik

I due Foscari

An anderer Stelle dieses Buches trifft man auf den Rekordhalter des Doganats, die kürzeste Amtszeit. Hier nun geht es ebenfalls um einen Rekordhalter, den Dogen mit der längsten Amtszeit. Francesco Foscari symbolisierte die höchste Würde der Serenissima von 1423 bis 1457 als 65. Doge.

Eine Art zweiter Dogen-Rekord: Nur rund um Marino Falier drängen sich so viele Kunstwerke wie um Foscari.

George Byron schrieb das Schauspiel *The two Foscari*, erschienen 1821. Auf diesem Buch basiert das Libretto von Francesco Maria Piave für die Verdi-Oper *I due Foscari*.

Francesco Hayez malte seine beiden Foscari, Vater und Sohn, um die Mitte des 19. Jahrhunderts, ebenso Eugène Delacroix. Und zu den bekanntesten Darstellungen des Dogen gehört die Skulptur an der Porta della Carta des Palazzo Ducale. Das Original haben die französischen Truppen gleich nach der Einnahme Venedigs 1797 zerstört, wie so viele andere Kunstwerke von hoher Qualität. Seit 1885

George Byron (1788–1824) in »albanischer Tracht«, gemalt von Thomas Phillips

Der Komponist von *I due Foscari*, Giuseppe Verdi

krönt eine Kopie diesen Eingang in den Dogenpalast. Ein Detail des Originals ist hier erhalten, der Kopf des Dogen, in dem kleinen Museum im Parterre.

Den vor dem Markuslöwen knienden Dogen kann man seit dem späten 19. Jahrhundert auch in Wien bewundern, an einem Haus in venezianischem Stil in der Praterstraße, am Dogenhof.

Foscaris Leben ist vom Beginn bis zum Ende außergewöhnlich. Zwar in Venedig geboren, ist er in Ägypten aufgewachsen, wohin der Vater Nicolò mit seiner Familie verbannt worden war. Erst mit achtzehn Jahren kehrte Francesco nach Venedig zurück. Er erkennt seine Möglichkeiten, nutzt seine Eloquenz, weiß die Mitmenschen zu beeindrucken, heiratet die richtige Frau – reich und aus erstem Haus, eine Priuli. Schnell macht er Karriere, mit dreiundvierzig Jahren hat er das zweithöchste Amt der Stadt errungen, er ist Procuratore di San Marco.

Nach dem frühen Tod seiner Frau heiratet Francesco Foscari abermals in eine reiche Familie, Marina Nani. Aus beiden Ehen hat er viele Töchter und Söhne.

1423 wählt ihn Venedig zum Dogen – und dieser Glückstag markiert auch den Beginn einer Kette von Unglücksfällen.

Schon die Wahl bedeutet für Foscari eine ganze Reihe unangenehmer Situationen. Der Gegner war Pietro Loredan, der zwar klar unterlegen war, aber sein Lebtag lang diesen Misserfolg nicht verwinden konnte. Er wurde zum erbitterten Feind der Foscari.

Der Vorgänger, Tommaso Mocenigo, hat in den letzten Stunden seines Lebens die ihn auf seinem Lager umstehenden Verwandten und Freunde vor dieser Wahl gewarnt. Man möge wählen, wen auch immer, nicht aber Francesco Foscari. Er werde Venedig in den finanziellen Ruin führen. Mocenigo sagte, das ist verbürgt: »Wenn Ihr, was Gott verhüten möge, ihn zum Dogen macht, werdet Ihr Euch sehr bald im Krieg befinden, und wer

Francesco Hayez (1791–1882), *Die beiden Foscari*, Mitte 19. Jh.

jetzt zehntausend Dukaten besitzt, wird dann nur mehr tausend haben, und wer zehn Häuser sein Eigentum nennt, wird nur mehr ein einziges besitzen, und wer über hundert Kleider und Mäntel verfügt, wird Schwierigkeiten haben, auch nur ein einziges Kleidungsstück zu finden!«

Der tote Mocenigo geistert heute noch rund um sein Grab in der Basilica Santi Giovanni e Paolo, denn man hat nicht auf ihn gehört – tränenüberströmt ist sein Gespensterantlitz, das sagt jeder, der ihn dort nächtens getroffen hat!

Eugène Delacroix (1798–1863), *Les deux Foscari*, 1855

Porta della Carta: Francesco Foscari mit dem Markuslöwen

Und tatsächlich, es wurden harte Jahre! Bald nach Regierungsantritt ging der neue Doge an die Erweiterung des venezianischen Machtbereichs. 1426 begann der Krieg gegen Mailand, er sollte viele Jahre dauern. Er verschlang Unsummen, doch er brachte der Serenissima reiche Beute – Cremona, Brescia und vor allem Bergamo, den westlichsten Punkt des venezianischen Machtbereichs, nur dreißig Kilometer von Mailand entfernt.

1425 starben einige Kinder Foscaris an der Pest, 1427 die nächsten, nur zwei Söhne sind am Leben geblieben, Jacopo und Domenico.

Und Pietro Loredan machte dem Dogen das Leben schwer. 1426 war er zum Procuratore von San Marco berufen worden, jenem hohen Amt, das auch Foscari früher innegehabt hatte. Als Anführer der Opposition und ein Mann mit sehr guter Reputation war er sehr erfolgreich. Als der Doge eines Tages die Nerven verlor, begründete er mit einem einzigen Satz seinen eigenen schlechten Ruf. Er rief, ernsthafte Regierungsarbeit sei nicht möglich, solange dieser »Teufel Loredan« am Leben sei.

Als der »Teufel« 1438 starb, wurde allgemein angenommen, Foscari habe ihn vergiften lassen, durch die Hand seines Barbiers. Das war schließlich eine gebräuchliche Methode zur Problemlösung. Kurz danach starb auch der Bruder, Marco Loredan, die Gerüchte überschlugen sich.

Schon 1430 hatte der Doge selbst einen Mordanschlag überlebt. Die anderen Attacken auf seine Politik und auf ihn selbst waren subtiler.

Der Sohn Jacopo hatte als einziges der vielen Kinder Foscaris das Erwachsenenalter erreicht. Sein Bruder Domenico war 1438 gestorben.

Der lange Arm der Loredan'schen Feindschaft erreichte Jacopo noch aus dem Grab. Michele Bevilacqua, »ein geringer Mensch vom Pöbel« nennt ihn die Chronik, denunzierte Foscari junior. 1445 wurde er auf Befehl des Rates der Zehn festgenommen. Man warf ihm vor, in venedigfeindliche Pläne des Auslands verwickelt zu sein und von Feinden des Staates Geschenke anzunehmen.

Jacopo konnte entkommen und floh nach Triest. Daraufhin wurde er für ewige Zeiten verbannt, sein Exil sei Nauplia.

Doch die Obrigkeit ließ Milde walten, auf Bitten der Eltern Foscari. Das Exil wurde nun nicht Nauplia, sondern das venedignahe Zelarino, zwanzig Kilometer vom Markusplatz entfernt. Schon 1447 wurde diese »ewige Verbannung« aufgehoben. Die Zehn waren gütig gewesen.

Vater Francesco war inzwischen erfolgreich gewesen. Neben seinen politischen und militärischen Zielen hatte er auch ein großes Bauvorhaben bewältigt, vor allem am Dogenpalast. Die Westfront wurde 1424 bis 1438 durch eine neue ersetzt, wie wir sie als die Fassade hin zur Piazzetta kennen. Die große Loggia an dieser Seite geht auf ihn zurück. Und zwischen Palast und Markuskirche ließ er die Porta della Carta errichten, mit seinem Porträt in Stein. Ab 1452 baute der Doge an seinem eigenen Haus, der prachtvollen Ca' Foscari, heute die Universität von Venedig.

Jacopo geriet von Neuem in Schwierigkeiten. Am 5. November 1450 wurde Ermolao Donà ermordet, »von hinten her durch eine meuchlerische Hand tödtlich vewundet«. Er war ein Bruder des Andrea Donà, eines hohen Beamten.

Nunmehr übernahm ein neuer Gegner die Intrige, Antonio Venier, als übler Charakter verschrien, dennoch mit einer Anzeige erfolgreich: Jacopo habe den Donà durch seinen Bedienten Oliviero umbringen lassen. Als Dank für diese Meldung bekam der Anzeiger eine anständige jährliche Pension.

Drei Monate wurde untersucht, Foscaris Diener Oliviero wurde gefoltert, ohne Effekt. Der Rat der Zehn war aber von Jacopos Schuld überzeugt, denn eine Feindschaft Jacopos gegen Donà war bekannt. Er wurde verhört, auch er wurde gefoltert und schließlich abermals verbannt.

Dieses Mal schickte man ihn nach Chania auf Kreta, das war nun wirklich die sprichwörtliche tiefste Provinz. Von April 1451 bis zum Juni 1456 dauerte das Exil, dann kam ein Abgesandter der Zehn und holte ihn zurück.

Neue Verhöre folgten – er sollte mit dem Sultan der Türkei Mahomet II. konspiriert haben. Dann warf man ihn in Venedig ins Gefängnis. Seine Familie bekam immerhin eine Besuchserlaubnis. Bald danach starb Jacopo Foscari, im Jänner 1457.

Nicola Erizzo, Patrizier auch er, gestand auf dem Totenbett sei-

Das Grabmal Francesco Foscaris in der Kirche Santa Maria Gloriosa dei Frari

nem Beichtvater und ließ es diesen verkünden, dass er den Donà habe ermorden lassen, aus Rache, weil er ihn – zu Recht – »wegen seyner Diebstähle und anderer Frevel habe angezeigt«. Jacopos Eltern, denen das Schicksal alle ihre Kinder genommen hatte, haben all das miterlebt. Dem Vater, dem Dogen, blieb trotz seiner Verdienste weiterer schwerer Kummer nicht erspart. Der Rat der Zehn setzte ihn im Oktober desselben Jahres ab, diese Kompetenz besaß er freilich gar nicht, aber in Venedig ist vieles möglich …

Zehn Tage später starb Francesco Foscari, am 1. November 1457. Die Republik wollte ihn nun zum Abschied feiern, seine Witwe weigerte sich, gab den Leichnam nicht frei und erklärte den Wunsch der Serenissima für Heuchelei. Sie gab erst nach langem Drängen nach. Dann bekam Francesco Foscari ein Staatsbegräbnis mit allem Glanz und Prunk, dessen Venedig fähig war.

Totschlag aus Freude

Im Venedig der Renaissance herrschte eine überfeinerte Kultur höchster Blüte.

Ungefähr ab dem Beginn des 16. Jahrhunderts, also im geradezu sprichwörtlichen Cinquecento, traf sich an der Lagune eine große Gruppe erster europäischer Künstler und Intellektueller. Hier wirkten Gentile Bellini, Vittore Carpaccio, Tizian, die Architekten Jacopo Sansovino, Michele Sanmicheli, Sebastiano Serlio, der in seinen venezianischen Jahren einen Teil seines Architekturtraktats verfasste. Der Dichter und politisch hochaktive Denker und engagierte Mitbürger Pietro Aretino hatte schon einen äußerst flotten Ruf, vor allem durch seine sechzehn Sonette *I modi*, im Deutschen »Stellungen«, der sich nun auch noch steigerte. In den berühmten ausgezeichneten Druckereien fanden viele und auch er ideale Partner für die weiteste Verbreitung ihrer Werke.

Wenn man nun denken mag, diese höchste Form von Kunst und Kultur müsse doch ihren Niederschlag im Alltag gefunden haben, so stimmt das nur in den obersten Kreisen und im schmalen Mittelstand. Dieser, die *cittadini*, Bürger, war oft sehr wohlhabend, ihm gehörten Juristen, Kaufleute, Handwerker an.

Die Volksmasse – *popolani* – hatte keinen Anteil am künstlerischen und intellektuellen Leben. Um 1530 hatte die Stadt rund 175.000 Einwohner, da musste sich also ein Proletariat bilden, angesichts der vielen wenig attraktiven Arbeitsmöglichkeiten. Glasbläser, Arsenalarbeiter, Schiffsleute waren noch im Vorteil –

aber die zahllosen Hilfsarbeiter, Lastenträger, Bettler stellten eine ebenso große Gruppe dar.

So konnte es zu unerwarteten Krisensituationen kommen. Schon in den Kriegen Francesco Foscaris hatte sich gezeigt, was geschehen konnte, geriet das Volk in Gärung.

Reiterstandbild Gattamelatas in Padua,
geschaffen von Donatello (ca. 1386–1466)

1438, im Zuge der mailändischen Kriege, war der venezianische Condottiere Gattamelata am Gardasee in eine prekäre Lage geraten. Er wusste sie zwar zu meistern, hatte aber keine Hoffnung, in weiteren Treffen mit seinem zu kleinen Heer gegen die Truppen des Herzogs von Mailand zu siegen. So schlug er vor, den Krieg mit einer Flotte auf dem Po fortzuführen, deren Kommando der erfahrene Admiral Pietro Loredan übernehmen sollte. Dieser befand sich gerade in seinen Amtsräumen auf San Marco, das sprach sich herum, und eine große Menschenmenge strömte auf die Piazza. Und jetzt kommt die Chronik des Jahres 1773 zu Wort: »... und das Volk lief in den ersten Bewegungen der Entzückung auf den St. Marcusplatz, wo es gleich anfing, die Brodkörbe, welche zum Verkaufe da stunden, zu plündern. Diesem ungestümen Auflaufe wollte sich einer von dem Kriegsrathe, Giovanni Contarini, widersetzen, wurde aber auf der Stelle ermordet. Marin Amigo, Capitän der signori di notte, eilte ebenfalls herbey, ward aber auch der Wuth des Volkes aufgeopfert. Der Pöbel fing schon an, in die Häuser und Krambuden einzudringen, der Platz war schon von Soldaten voll ...«

Da stellte sich ein einzelner Mann der tobenden Menge entgegen, der höchst angesehene, allgemein geehrte Pietro Loredan. Ihm gelang es, Ruhe zu schaffen, er schickte die Menschen nach Hause, verhinderte die gewaltsame Öffnung der Gefängnisse, die schon in Gang gewesen war.

In Venedig brauchte es keine Intrigen und keine Giftkenntnisse, keine Bravi und keine morderprobten Diener und Barbiere, selbst aus Freude und »Entzückung« konnte es zu Mord und Totschlag kommen.

Carmagnola

Francesco Bussone kam 1385 zur Welt, im kleinen Ort Carmagnola, fünfundzwanzig Kilometer südlich von Turin, der Hauptstadt des Piemont.

Er war der Sohn eines Bauern und hatte keine Neigung, den Spuren des Vaters zu folgen. Er wurde Soldat.

Um es gleich zu Beginn zu sagen – die Sache ging nicht gut aus. Dieser Lebenslauf erinnert an die mittelhochdeutsche Versnovelle von Meier Helmbrecht, dem Bauernsohn, der Ritter werden will.

Aber immerhin, auch Bussone hat in die Literatur gefunden. Alessandro Manzoni, der Nationaldichter Italiens neben Dante Alighieri, hat ihm 1820 sein erstes Drama gewidmet, *Il conte di Carmagnola*.

Er wurde Söldner bei Facino Cane di Casale, dem Regenten von Mailand, und nach dessen Tod unter dem Nachfolger Filippo Maria Visconti. Er war intelligent, war mutig und wohl auch schlau, jedenfalls machte er Karriere.

Alessandro Manzoni (1785–1873), gemalt von Francesco Hayez

Francesco Hayez' *Conte di Carmagnola*

Ab 1415 war er der Kommandeur der Mailänder Truppen. Er war sehr erfolgreich, unterwarf 1421 Genua, ein Jahr später besiegte er ein Schweizer Heer im Kampf um ein Gebiet an der Grenze des Tessin. Der Herzog ernannte ihn zum Grafen von Castelnuovo und machte ihn zu seinem Schwiegersohn.

Aber 1425 war die rapid verlaufene Karriere schlagartig zu Ende. Man hatte dem Grafen, der als Feldherr allgemein nur nach seinem Geburtsort »Il Carmagnola« genannt wurde, hinterbracht, dass man ihn bei Herzog Visconti verleumdet habe, er sei in Gefahr.

Wie es in dieser Zeit und allgemein in der Berufsgruppe Condottieri üblich war, wechselte Carmagnola zu Mailands Feinden und wurde der Kommandeur der venezianischen Truppen am Festland. Wenige Monate später eroberte er Brescia, am 12. Oktober 1427 schlug er eine seiner größten Schlachten. Zwei große Heere von je rund 30 000 Mann standen einander gegenüber –

Venedig blieb siegreich. 8000 Gefangene und die komplette Bagage der Mailänder fielen in Carmagnolas Hände.

An der Lagune war man außer sich vor Freude. Der Doge wollte seinem Feldherrn ein Haus schenken, dazu im Gebiet des eroberten Brescia ein Landgut, und eine hohe Jahresrente sollte er beziehen!

Aber daraus wurde nichts. Foscaris große Gegner um den Konkurrenten Pietro Loredan griffen Carmagnola heftig an. Er habe viele Fehler gemacht, hätte erfolgreicher sein müssen, wenn er nur gewollt hätte. Carmagnola jedoch kehrte im Triumph heim nach Venedig, unangefochten von der Kritik seiner Feinde. Er brachte die Fahnen der eroberten Städte in die Markuskirche, dort hat man sie aufgehängt.

Zum Dank übergab der Doge dem erfolgreichen General mehrere Kastelle, deren Einkünfte ihm ein sorgenfreies Leben sicherten. Der Herzog von Mailand hatte die Frau Carmagnolas und die beiden Kinder gefangen gehalten, in Sippenhaft. Nun musste er sie freigeben, sie kehrten heim zu ihrem Familienoberhaupt. Das Glück schien vollkommen.

Bis 1431 stand das Leben des Feldherrn unter einem guten Stern, dann war es vorbei, und zwar zur Gänze. Das Auf und Ab des Kriegsglücks der folgenden Monate wollen wir außer Acht lassen, jedenfalls dürfte Venedigs Condottiere einige falsche Entscheidungen getroffen haben. Die mailändischen Gegner waren mehrmals erfolgreich, die Serenissima wurde nervös. War die Passivität Carmagnolas auf Verrat zurückzuführen? Im Senat gab es zwei Parteien – die dem Kommandeur feindliche Partei gewann die Mehrheit, als Briefe bekannt wurden, die seinen Verrat bezeugen sollten. Waren die Briefe echt, waren sie gefälscht, gleichwohl wurde nun das Ende Carmagnolas in einer Senatssitzung in der Länge einer ganzen Nacht beschlossen.

Merkwürdig an den weiteren Vorgängen ist, dass niemand aus der großen Gruppe der in den Plan Eingeweihten den Mund aufgemacht hat.

Nun wurden Friedensverhandlungen angesetzt und Carmagnola zu diesen nach Venedig berufen. Auf dem Weg in die Hauptstadt empfing man den Ahnungslosen mit allen Ehren, um ihn hinters Licht zu führen, in Brescia, Verona, Vicenza, Padua. Die Statthalter der verschiedenen Städte am Weg begrüßten seine Ankunft mit aufwendigen Ehrenbezeigungen, jener von Padua gab ihm das Geleit bis an die Lagune. Dort wurde er von einer Ehrenwache der *Signori di notte* empfangen, einer kleinen Truppe, die ihre ursprüngliche Nachtwächterfunktion seit langer Zeit erweitert hatte.

Venedig hatte noch nie einen so großen Aufwand für eine Verhaftung getrieben. Das Opfer blieb noch bis zuletzt nicht argwöhnisch, als man im Palazzo Ducale angekommen war, nun von acht Patriziern geleitet.

Die Begleiter wurden fortgeschickt, und um den Delinquenten nicht zu beunruhigen, sagte man ihm, der Doge könne ihn erst am nächsten Morgen empfangen. Also wollte Carmagnola sich nach Hause begeben, aber als er knapp vor dem Ufer und seiner Barke war, sagte man ihm – falscher Weg, hier müssen wir gehen. Nein, entgegnete der immer noch Ahnungslose und erfuhr nun – »Herr Graf, es geht ins Gefängnis«.

Drei Tage lang verweigerte der Verurteilte jede Nahrung, er war zu aufgeregt und aufgebracht über die Hinterlist der Signoria. Dann verhörte ihn der Rat der Zehn, und als er keine Schuld zugab, wurde er gefoltert. Auch da blieb er standhaft, bis man ihm die Füße anzündete, nun gab er zu, was er nur zugeben konnte. Also wurde das Todesurteil ausgeführt.

Francesco Hayez, *Selbstporträt*, 1860

29 Tage wurde er noch im Gefängnis gehalten, am 5. Mai 1432 brachte man ihn auf die Piazzetta, zwischen die Säulen von San Marco und San Todaro, und richtete ihn hin, im Angesicht einer großen Volksmenge. Der Scharfrichter benötigte drei Hiebe für seine Aufgabe.

Der Kopf wurde einen Tag lang hier ausgestellt, der Leichnam dann nach San Francesco della Vigna gebracht und beigesetzt.

Der Palazzo Carmagnolas am Canal Grande, bei San Stae, Palazzo Lion, wurde dem Erdboden gleichgemacht. An dieser Stelle sieht man auch noch heute einen Garten.

Die Witwe des geköpften Generals wurde ins nahe Treviso abtransportiert, mitsamt ihren beiden Töchtern.

Aber das genügte der Republik nicht, ihre Anwesenheit auf venezianischem Boden war der Signoria nicht angenehm. So gab man ihr Gelegenheit zur Flucht. Signora Bussone nutzte diese Gelegenheit und ging nach Mailand. Dort nahm sie der Herzog auf und sorgte für sie und ihre Kinder.

»Dies ist das traurige Ende eines der größten Generale, der in die unglücklichen Zeiten der Republik fiel, wo der Parteygeist große Gährungen erregte.« So endet die Chronik.

Der Maler Francesco Hayez, ein Venezianer, hat sich immer wieder für Themen aus der Geschichte seiner Heimatstadt entschieden. Er hat dem unglücklichen Bauernsohn, der es zum Grafen gebracht hat, ein Denkmal gesetzt.

Und im Volksmund lebt Francesco Bussone in noch einem Kunstwerk weiter.

An der Basilica di San Marco, nahe den vier Pferden, ist auf der Balustrade ein Steinkopf zu sehen, der, wie die berühmten Rösser, 1204 in Byzanz requiriert worden ist. Er zeigt Kaiser Justinian II., Porphyr, geschaffen in Syrien im 8. Jahrhundert. Bald nach Car-

Steinkopf Justinians II. an der Basilica di San Marco

magnolas Tod haben die Venezianer das Kunstwerk als Porträt des toten Grafen betrachtet, überzeugt, dass der Rat der Zehn das Opfer dieses Justizmords zur Wiedergutmachung habe darstellen lassen.

Auch der Campanile von San Polo im gleichnamigen Sestiere scheint an den Condottiere zu gemahnen. Zwei Löwen bewachen das Tor, der eine hält eine Schlange in den Pranken, der zweite einen Kopf. Während die eine Tradition sagt, das sei das Haupt des Dogen Marino Falier, weiß die andere, dass es sich um Conte Carmagnolas Schädel handelt.

Die beiden Löwen …

… an der Fassade des Campanile von San Polo

Der erste Doge

Der erste? Das ist nicht ganz einfach. Es kommt darauf an, wie man zählt. Paoluccio Anafesto kann man den ersten Dogen nennen. Doch ihn hatte der Exarch von Ravenna, der Stellvertreter des oströmischen Kaisers, eingesetzt. Der erste aber, der 727 wirklich frei gewählt war, das war Orso Ipato, ansonsten nur Nummer 3. Er war byzanztreu, eroberte das von den Langobarden besetzte Gebiet um Ravenna zurück und erhielt den oströmischen Ehrentitel »Hypatos«, das kann man mit Konsul übersetzen. Spätere Geschichtsschreiber kannten, erkannten diesen Titel nicht mehr und hielten ihn für einen Eigennamen. Der ist, zum Ipato geworden, dem Orso bis heute geblieben.

Doch dieser frühe Doge geriet wenige Jahre später in politische Schwierigkeiten, die ursprüngliche Byzanztreue war ins Wanken geraten. Orso wurde 737 auf Geheiß der Regierung ermordet.

Nun wurde eisern überwacht – jedes Jahr schickte man einen neuen Magister Militum als Verwalter in den Einsatz. Einige Jahre lang ließen sich das diese frühen Venezianer gefallen, dann reichte es ihnen. Sie vertrieben Giovanni Fabriaco, ihren Byzantiner, und schufen ein neues Zentrum für ihr Territorium, Malamocco. Und sie wählten nach fünf Jahren wieder ihren eigenen Dogen. Er hieß Diodato und war des ermordeten Orso Sohn. Byzanz erkannte den Zug der Zeit und sprang auf ihn auf. Wie sein Vater erhielt auch Diodato den Ehrentitel Hypatos, also Ipato.

Doch die Politik ist und war ein gefährliches Terrain. Diodato war zwar seinen Venezianern verbunden, die ihn doch gewählt hatten, aber zugleich auch Byzanz, das ihn anerkannt und selbst eingesetzt hatte. Das konnte auf die Dauer nicht gut gehen.

Als der Frankenkönig Pippin III. 751 mit einer großen Geschenkaktion den Papst in Rom erfreute, hat auch das Gebiet von Ravenna und Venetien den Herrn gewechselt. Die Venezianer misstrauten ab sofort ihrem Dogen, es kam 755 zu einer Revolte, angeführt justament von einem engen Freund Diodatos, Galla Lupanio. Der saß nun zwar auf dem Dogenthron, aber er hatte sich seinen Ruf ruiniert. In der Geschichte Venedigs wird er immer wieder »der Treulose« genannt.

Seine Regierungszeit dauerte nicht einmal ein Jahr, dann wurde er gestürzt. Sein weiterer Weg ist nicht bekannt. Möglicherweise erging es ihm ähnlich wie dem Vorgänger, seinem Freund Diodato Ipato. Ihn hatte der Mob geblendet und den Blinden dann verjagt.

Der Einzige

In ihrer langen Geschichte bis 1797 hatte die Serenissima 118 oder 120 Dogen, eine Frage des Zählens, siehe das vorige Kapitel. Sie alle sind in den Chroniken verewigt und 76 ihrer Namen samt deren Wappen bilden im Palazzo Ducale, dem Dogenpalast, einen langen Wandfries in der Sala del Maggior Consiglio.

Mit einer Ausnahme. Diese Ausnahme ist Marino Falier. Sein Verbrechen, ein Staatsverbrechen, war den Venezianern die schwerste Strafe wert – nicht nur die Hinrichtung im Dogenpalast, auf der Stiege, auf der er acht Monate zuvor als Doge eingesetzt worden war, wo man ihm die Zogia, den Kronenersatz, aufs Haupt gesetzt hatte, sondern noch mehr. Die *Damnatio memoriae*, die Auslöschung aus dem Gedächtnis, wurde verhängt.

Und wie ist es dazu gekommen?

1274, der Tag ist nicht bekannt, kam Marino Falier in Venedig zur Welt. Seine Familie gehörte zu den vornehmsten der Republik, sie hatte schon zweimal den Dogen gestellt. So trat auch der junge Marino in den Dienst seiner Heimat, zuerst als Podestà von Padua, von Treviso und von Chioggia. Diese Bezeichnung wurde in den Jahren des Faschismus für den Bürgermeister verwendet, sie galt bis dahin alleine den Gouverneuren mit ihrer Verwaltungshoheit über eine Gemeinde oder ein ganzes Gebiet. Oft holten sich Städte ihren Podestà aus dem Ausland, so wie die drei oben genannten Gemeinden, die alle zu Faliers Zeit noch nicht venezianisch waren.

Marino wurde Flottenkommandant in Konstantinopel, wo

Venedig eine Handelsniederlassung besaß. 1204 hatte eine Kreuzfahrerflotte unter dem Kommando des Dogen Enrico Dandolo Byzanz erobert, geplündert, gedemütigt. Deshalb gab es zum Schutz der in Konstantinopel verhassten Venezianer einen Flottenstützpunkt am Bosporus.

Als Diplomat setzte ihn Venedig in Wien, in Ungarn, am Hof des Papstes ein. Und immer wieder gehörte Falier dem Rat der Zehn an, dem obersten Gericht der Stadt, der ständig mächtiger werdenden höchsten Polizeibehörde.

Die Serenissima hatte damals schwere Jahre durchzumachen. 1347 wütete die Pest und raffte die Hälfte der Einwohner dahin. Wenige Jahre später unterlag Venedig dem ewigen Konkurrenten Genua in der Seeschlacht von Methoni, an der Südspitze der Peloponnes. Die Flotte war fast ganz zerstört worden, fünftausend Gefangene blieben in Genuas Verliesen. Das war 1354, im selben Jahr wurde Falier zum Dogen gewählt, am 11. September.

Er war achtzig Jahre alt, hatte an die sechzig Jahre staatspolitische und innenpolitische Erfahrung hinter sich. Und er dachte nach ...

Das außerordentlich komplizierte Wahlsystem, das die Demokratie, die eine Oligarchie war, schützen sollte, schien ihm veraltet, nicht zeitgemäß. Die Politik verlief nicht kontinuierlich, sie stand oft still, zeigte keine neuen, sinnvollen Wege auf, machte Rückschritte. Marino Falier wollte das ändern. Ihm schien eine Machtübergabe vom Vater auf den Sohn, und das durch Generationen, klüger. Und das wollte er erreichen.

Aber das System, dem er ewig lang gedient hatte, erwies sich als stärker. Der Rat der Zehn hatte durch seine Spitzel von den Umsturzplänen erfahren, der Große Rat ließ die Mitglieder der Verschwörergruppe des Dogen verhaften, und auch den Dogen

Eugène Delacroix, *Hinrichtung des Dogen Marin Faliero*, 1827

Francesco Hayez, *Die letzten Momente des Dogen Marin Faliero*, 1867

selbst. Ein schnell arbeitendes Gericht fällte seine Urteile – einige Angeklagte kamen mit Verbannung davon, elf wurden auf der Piazzetta gehenkt, Marino Falier wurde enthauptet.

Der Platz für sein Porträt in der Sala del Maggior Consiglio blieb also frei, das schon begonnene Porträt wurde übermalt und

Statt eines Porträts: Damnatio memoriae

mit einer Inschrift versehen: »Das ist der Platz für Marin Falier, enthauptet wegen seiner Verbrechen.«

Die Hinrichtung eines Dogen – vom Gesetz gerechtfertigt, nicht als Ergebnis einer Rebellion, das war ein unerhörtes Ereignis, für die Zeitgenossen ebenso wie für die Nachwelt. Und die Nachwelt machte den Effekt zunichte, den die Damnatio memoriae hätte bewirken sollen. Zahlreiche Künstler verewigten den Namen des geköpften Dogen, von dem Francesco Petrarca meinte, er habe den Dogenpalast mit dem linken Fuß betreten. George Byron schrieb eine Tragödie, E. T. A. Hoffmann eine Erzählung, Gaetano Donizetti eine Oper – und etliche andere Autoren und Komponisten taten es ihnen gleich, deren Namen man nicht mehr kennt. Eugène Delacroix und Francesco Hayez zeigen auf ihren Gemälden den Dogen in seiner letzten Stunde.

Dieses Bild C. W. Kolbes inspirierte E. T. A. Hoffmann zu *Doge und Dogaressa*.

Auch die Geschichtsschreibung, in der Stadt und darüber hinaus, bewahrt die Erinnerung – da oder dort auf ihre Weise. Die Skandalpresse des Jahres 1355 hätte dem Fall viel Material zu verdanken gehabt, wenn es sie schon gegeben hätte. Denn was waren die angeblich tatsächlichen Hintergründe? Doch nicht geplante Verfassungsänderungen, politische Korrekturen – nein, Liebe und Eifersucht.

Die Dogaressa Aluicha entstammte dem vornehmen Hause Gradenigo. Sie war weit jünger als ihr Ehemann und von gerühmter Schönheit.

Falier sah in allen Männern potenzielle Konkurrenten, einen hatte er besonders im Verdacht, Michele Steno. Der war zwar verheiratet, schien aber der schönen Aluicha mit geheimen Zeichen den Hof zu machen. Falier beobachtete ihn, erfuhr, dass Steno unter den Damen des Gefolges der Dogaressa eine Freundin hatte, daher die geheimen Botschaften. Bei einem Fest vergaß sich Michele Steno aber so weit, dass er der Geliebten zu deutliche Worte zurief, begleitet von leicht zu deutenden Gesten. Der Doge wies ihn zurecht und schickte ihn nach Hause. Steno war außer sich vor Wut. Immerhin war er einer der drei Präsidenten des Großen Rats. Rache – aber wie?

In der Art eines Sprayers von heute bemalte er den Thron des Dogen mit hämischen unanständigen Meldungen über die Treue der Dogaressa.

E. T. A. Hoffmann weiß auch, was da zu lesen stand: »Il dose

Falier/ della bella muier/ L'altri la gode/ e lui la mantien.« In einer an Venexian angelehnten Sprache heißt das: Der Doge Falier hat eine schöne Ehefrau. Zum Genuss anderer, aber er erhält sie.

Bei Hoffmann liest Marino Falier den Spruch auf einem »Zettelchen, angeheftet an den Sitz des Dogen«.

Wie immer das auch wirklich vor sich ging, man erkannte Stenos Handschrift. Nun war es am Dogen, sich zu rächen.

Er wandte sich an den Rat der Vierzig – doch der hielt zum Kol-

Originalillustrationen …

... zu E. T. A. Hoffmanns ...

… Doge und Dogaressa

legen und ließ ihn für nur einen Monat in einer Art Kavaliershausarrest schmachten.

Das war dem Dogen einerseits zu wenig, andererseits wurde es ihm nun zu viel. Wenn der Rat der Vierzig kein gerechtes Urteil zu fällen weiß, so muss man es ihm eben beibringen! Falier schwor Rache. Überhaupt die Patrizier, diese gesamte verkommene Aristokratie! Das Bürgertum an die Macht! Der Doge suchte sich eine neue Basis, mit einer Kampftruppe aus dem Bürgerstand. Am

15. April 1355 sollten alle Senatoren und die Mitglieder des Rates der Vierzig ermordet werden.

Aber der Plan flog auf. Es waren eben für ein so umfangreiches Vorhaben zu viele Mitwisser. Einer der Verschwörer, er hieß Bertrand, wechselte am 14. April die Seiten. Und die Dinge nahmen nun ihren Lauf.

Wie seriös diese Deutung des Hintergrunds sein mag, weiß man nicht. Im Zuge der Damnatio memoriae wurden alle Akten vernichtet, alle Verhörprotokolle. So sind wir also auf die Meinung von Byron, Hoffmann und Co. angewiesen.

Freilich ist die Darstellung durch E. T. A. Hoffmann zwar ein Stück großer Literatur, aber in keiner Weise historisch korrekt. So heißt Faliers Frau hier nicht Aluicha, sondern Annunziata, Kloster und Kirche von San Giorgio Maggiore stehen auf der Giudecca, was nicht der Fall ist, und der alte Doge verliert sein Haupt auf der Scala dei Giganti. Doch diese weltberühmte Stiege konnte es erst ab 1567 geben, als Sansovino die beiden riesigen Götterstatuen Mars und Neptun geschaffen hatte.

Aber jetzt Schluss mit aller Beckmesserei. Lieber machen wir diesem Kapitel ein Ende mit Mark Twain. In *The Innocents Abroad*, einer umfangreichen Reisebeschreibung seiner Tour durch Europa und das Heilige Land mit einer Gruppe von Amerikanern, finden wir auch den Dogenpalast. Mark Twain ist von der langen Reihe der Dogen beeindruckt, »ehrwürdige Burschen mit mächtigen weißen Bärten«. Und er kritisiert die Erwähnung von Faliers Staatsverbrechen: »Es schien uns grausam, diese unbarmherzige Inschrift noch immer von den Wänden herunterstarren zu lassen, wo doch der arme Kerl schon seit fünfhundert Jahren im Grab liegt.«

Meuterei an der Lagune

Das Revolutionsjahr 1848 brachte Österreich an mehreren Fronten in schwere Bedrängnis. In Prag kam es zu Pfingsten zum Aufstand, in Wien schon am 13. März und der ungarische Nationalist Kossuth Lajos hatte schon am 3. März eine flammende Rede gegen Österreich gehalten. Auch in anderen Ländern tobte die Revolution – der König von Frankreich, Louis Philippe, flüchtete in den letzten Tagen des Februar 1848. Ab dem 12. September dieses Jahres ist dann der ungarische Aufstand zum Bürgerkrieg geworden.

Flagge der Repubblica di San Marco

In Venedig hatte die Revolution am 23. März einen ersten Sieg errungen und sich unter Präsident Daniele Manin für unabhängig erklärt.

Die Jahre davor waren nicht von einer solchen Fülle von Attacken gegen österreichische Soldaten geprägt gewesen, wie das in Mailand, Vicenza oder Verona der Fall war.

Im Dezember 1847 hatten der Advokat Manin und der Schriftsteller Niccolò Tommaseo eine Petition für eine neue liberale Verfassung eingereicht. Am 18. Jänner 1848 wurden sie verhaftet. Am 17. März werden sie von der aufgebrachten Volksmenge befreit, Manin übernimmt nach einigem Zögern die Führung.

Ein Bollwerk der Österreicher scheint das Arsenal zu sein. Sein

Das Löwentor des Arsenals von Venedig

Direktor ist der Marineadjutant Linienschiffskapitän Johann von Martinovich. Er war ein Mann mit bedeutender Berufskenntnis, den man dem jungen, wenig erfahrenen Marinekommandanten Erzherzog Friedrich zur Seite gestellt hatte.

Der Erzherzog starb mit knapp sechsundzwanzig Jahren an einem Leberleiden, im Jänner 1848 wurde er beigesetzt. Bei dem

– Caporal Bittermann, vous allez me donner les noms des soldats de votre compagnie qui se sont le plus distingué sur le territoire ennemi.
– Ya, majör !....voici le croate Carotemann qui s'afre gouvert de gloire !....il affre bris à lui doute zeul, 25 montres et 50 foulards à l'ennemi !....

Die österreichischen Soldaten sprechen hier zudem einen argen Dialekt:
»Korporal Bittermann! Geben Sie mir die Namen der Soldaten Ihrer Kompanie, die sich im Feindesland am meisten ausgezeichnet haben!«
»Ja, Herr Major! Hier ist der Kroat Karottemann, der sich voll des Ruhms präsentiert! Er hat dem Feind ganz allein 25 Uhren und 50 Halstücher abgenommen!«

Trauerakt in der Marinekirche San Biagio hatte sich die Marine noch loyal gezeigt, Mannschaft wie Offiziere. Damit war es wenige Wochen später vorbei.

Der Arsenalkommandant Martinovich war streng, war korrekt und verfolgte unerbittlich, was er als Missstand erkannte. Damit machte er sich keine Freunde unter den Arsenalotti, den Arbeitern des Arsenals. So durften sie nun nicht mehr wie früher ihre beruflichen Fähigkeiten nutzen, indem sie auch für private Schiffsbesitzer und Werften arbeiteten – dennoch wurden ihre Gehälter nicht erhöht, obwohl der österreichische Militärkommandant Graf Zichy selbst das vorgeschlagen hatte.

Am 21. März sind ab Mittag alle Tore des Arsenals von aufgebrachten Gruppen besetzt, die auf das Erscheinen des Direktors warten. Am nächsten Morgen will Martinovich den Aufrührern die Stirne bieten. Er verlässt das Arsenal durch das Haupttor, die Werftarbeiter böse anblickend, ohne Begleitung. Die zu allem bereite Menge drängt auf ihn ein, er will sich in den Turm flüchten. Es ist zu spät – der Schmied Giovanni Conforti stößt ihm eine spitze Eisenstange in die Seite, Martinovich stürzt zu Boden, die Menge erschlägt ihn.

Derartige Vorfälle waren in Mailand nicht selten. Überfälle auf österreichische Soldaten – ganz allgemein stets »die Kroaten« genannt – sind häufig, zumeist grausam. In Venedig ist das nicht so. Todesstrafen für Gewalttaten werden von den österreichischen Gerichten äußerst selten verhängt, und immer wieder betreffen die Gerichtsverhandlungen kriminelle Vorgänge innerhalb des Militärs.

Auf einem großen freien Platz bei der Kirche San Francesco della Vigna werden die selten ausgesprochenen Todesstrafen vollstreckt. 1842 wurde hier zum Beispiel der Soldat Leonhard Sleiza erschossen. Er hatte seinen Bruder ermordet.

Am 6. August 1842 wurde ein österreichischer Soldat gehenkt, der zwei Gefreite ermordet hatte. Er starb nicht durch ein Peloton, sondern an einer erst kürzlich erfundenen und eingeführten neuen Art von Galgen, die sich nicht bewährte, dem *paletto*. Diese Hinrichtungen gingen oft nicht schnell vor sich, sondern unter erschütternd grausamen Umständen. Der *paletto* wurde daher bald wieder abgeschafft.

Die Kriminalität im Venedig dieser Jahre bestand in einer größeren Zahl von Diebstählen – aber welcher Art! Baron Vogel, jahrelang venezianischer Polizeipräsident, ließ regelmäßig Listen mit gestohlenen und gesuchten Gegenständen herausgeben. Einen großen Teil dieser Listen nehmen vom Trockenstrick gestohlene Kleidungsstücke, aus offenen Fenstern genommene Tuchenten, Küchengeräte, Werkzeug ein. Regelmäßig finden sich auf diesen Listen auch Deserteure, eigentlich arme, meist junge, ängstliche Rekruten, die sich den Militärdienst gewiss nicht gewünscht haben, schon gar nicht in einer Gegend, in der man sie eher als Feinde denn als eigene Soldaten ansah. Viele von ihnen tragen deutsch-kroatisch-italienische Namen, alle diese Karl Stepic oder Giuseppe Neumaier stammten aus dem nahen Istrien. Für sie war es wohl nicht allzu schwierig zu desertieren, sie hatten ja sicher Verwandte und Freunde, bei denen sie untertauchen konnten.

Woher der 1842 hingerichtete Leonhard Sleiza übrigens kam, geht aus den Polizeiakten nicht hervor. War er aus Nordböhmen oder Oberungarn, dann war er in Venedig noch einsamer als die Istrianer.

1866 gingen die Jahrzehnte der österreichischen Herrschaft in Venedig zu Ende.

Cornaro contra Zen

Die Venezianer tobten. »Ein Mitglied des Rates der Zehn! Mord an einem gewählten Stadtoberhaupt!« Der Senator Giovanni Antonio Venier ist auch noch in seinem – niemals gedruckten – Bericht im Jahr 1628 so empört, als habe all das erst gestern stattgefunden.

Nun war es nicht tatsächlich zum Mord gekommen, es blieb bei einem beinahe erfolgreichen Mordversuch.

Der Mann, der da um ein Haar dem Tod entging, war Renier Zen, aus allerbester Familie, Nachfahre eines Dogen. Er war als hoher Amtsträger der Serenissima geschätzt für seine Korrektheit – und unter seinen Berufskollegen ebenso bekannt als ein schroffer und hochmütiger Charakter. Während eines Disputs mit dem Ersten Kämmerer des Papstes, in seiner Zeit als venezianischer Botschafter beim Heiligen Stuhl, bewies er diesen Ruf. Der Gesprächspartner entschuldigte sich für einige Minuten, und Zen bemerkte: »Sie tun gut daran, sich vor einem Mann meiner Klasse zurückzuziehen.«

Mit dieser Selbstsicherheit brachte es Renier Zen zu einer ansehnlichen Zahl von Feinden, in Rom wie in Venedig, von der Familie Donato bis zum römischen Kardinal Ludovisi. Der Papst schrieb dem Senat von Venedig, man möge den »unerträglichen Zeno« abberufen.

Als seinen besonderen Gegner erkor sich Zen den Dogen Antonio Priuli.

Der hatte viel Familiensinn – auch, wenn ein Wunsch eines

Sohnes oder Neffen mit bestehenden Gesetzen nicht korrespondierte.

So war einer der Söhne, Matteo, Kardinal geworden, vom Geld der Familie unterstützt. Man zwang ihn zum Amtsverzicht. Doch dabei blieb es nicht, auch der Rat der Zehn interessierte sich für die Affäre und der Doge musste sich dafür verantworten. Erst nach heftigen diplomatischen Verhandlungen zwischen Rom und Venedig konnte Matteo doch noch den Kardinalspurpur anlegen.

Zen deckte weiter auf. 1621 brachte ihm sein auch manchmal ungerechter Starrsinn die Verbannung ein. Er hatte den Kardinal Dolfin, einen Venezianer aus sehr gutem Haus, öffentlich beschuldigt, im Sold Frankreichs zu stehen und der Serenissima zu schaden. Er stand alleine da mit diesen Vorwürfen und konnte sie nicht beweisen. Die Sache hatte auch eine private Seite – eine Schwiegertochter des Dogen Antonio Priuli war eine Dolfin. So folgten für Zen einige Jahre Auslandsaufenthalt.

Dabei hätte er solche »Unfälle« nicht notwendig gehabt. Er übte seine Ämter redlich aus, war von tadelloser Reputation – bis eben auf den ständig wiederkehrenden Vorwurf des beleidigenden Rechthabers.

Sein Namensvetter Renier Zen war Venedigs 45. Doge gewesen, er regierte von 1253 bis 1268. Sein untadeliger Ruf war auch nach Jahrhunderten lebendig, der späte Nachfahre und Namensvetter wollte sich also dieses Vorfahren als würdig erweisen.

Renier Zen hatte einen Sohn des Dogen Antonio Priuli auch noch beschuldigt, bei einer Verschwörung gegen Venedig mitgemacht zu haben – an der Seite des Papstes.

Zen hatte durchaus seine Verehrer, Priuli und seine Familie hatten schließlich ihre Reputation ohnehin schon seit Jahren schwer beschädigt. Als Antonio Priuli starb, am 12. August 1623, empfanden das die Venezianer nicht als einen großen Verlust. Man weiß nicht einmal, wo seine Grabstätte liegt.

Eine Tochter Priulis hatte einen Cornaro geheiratet, Francesco. Er kam 1575 zur Welt, stammte aus einer der allerersten Familien, nicht wie die Priuli, die als *nouveaux riches* galten. Francesco stellte einen einsamen Rekord auf. Er wurde der 101. Doge, seine Familie stellte insgesamt viermal das Oberhaupt der Republik. Seine Regierungszeit begann am 17. Mai 1656 und endete am 5. Juni 1656. Somit nimmt er die Stelle des Dogen mit der kürzesten Amtszeit ein.

Auch sein Enkel Giovanni erkletterte später den Dogenthron, als es in der Serenissima zu dämmern begann, 1709. Er tat sich als Politiker nicht gerade hervor, aber er stellte auch nicht wirklich etwas an, sieht man von einem gewaltigen Verlust ab – in seiner Regierungszeit ging Morea verloren, die Peloponnes, 1715 von den Osmanen unter Sultan Achmed III. zurückerobert. Die griechische Halbinsel war dreißig Jahre zuvor von einem der letzten Männer mit Heldenruf erobert worden, die Venedig gerade noch hervorbringen konnte, von Francesco Morosini, genannt »Il Peloponnesiaco«, Doge ab 1688.

Der farblose Giovanni Cornaro war als Kompromiss gewählt worden, weil man sich zwischen zwei ernsthaften Kandidaten nicht hatte entscheiden können, einem Diedo und einem Pisani. Auch profitierte er noch von dem Ruf seiner verwandten Vorgänger. Vom 19-Tage-Dogen Francesco gab es zwar nicht viel zu zehren, dafür mehr von Giovanni I., dem Urgroßvater.

Und so kommen wir wieder zum ewigen Querulanten Renier Zen. Als Giovanni I. nach dem Tod von Antonio Priuli zum Dogen gewählt wurde, mussten seine Söhne Francesco und Alvise ihre Senatorenämter abgeben. Aber sie dachten nicht daran. Ihr

Bruder Federico wurde auf Druck der Familie mit einem Kardinalshut ausgestattet, ein weiterer Sohn war ein einfacher Priester in San Marco, von dem nichts Verdächtiges bekannt ist. Er war also das schwarze Schaf der Familie, oder eigentlich das einzige weiße, jedenfalls verhaltensauffällig, weil anständig.

Und dann gab es auch noch Giorgio. Dieser nun, fast das Nesthäkchen, war außerordentlich einfallsreich, galt es, die Hindernisse zu überwinden, die Gesetze auftürmen konnten.

Eines Tages wurde Renier Zen aus Rom in die Heimatstadt zurückberufen. Er wurde auf der Stelle ins oberste Gremium geholt, den Rat der Zehn.

Dieses Amt erlegte ihm die Pflicht auf, sich um die Einhaltung der Gesetze, der öffentlichen Ordnung zu kümmern. Das hätte Zen wohl auch ohne Amt getan.

Der Doge Priuli, dessen Gegner er gewesen war, lebte nicht mehr, 1625 hatte Giovanni I. Cornaro sein Dogado angetreten.

So hatte Zen ein neues Ziel im Blick. Die Cornaro waren selbst für venezianische Verhältnisse glänzend vernetzt. Ihre Seilschaften reichten in alle Bereiche, vor allem in die Geldwirtschaft. Die Familie, deren Name auch in der Version Cornèr existiert, führt ihre Ursprünge bis ins alte Rom zurück. So war also ihre Stammtafel verästelt wie kaum eine zweite. Da finden sich neben den schon erwähnten Priuli auch die Dolfin, die Giustiniani, eine Prinzessin von Byzanz.

Der neue Doge hatte also das Problem, dass zwei seiner Söhne dem Senat angehörten und nach der Wahl des Vaters zum Dogen ihre Sitze hätten räumen müssen. Doch Cornaro senior befragte die Senatoren um ihre diesbezügliche Meinung und eine Abstimmung ergab eine Ausnahmeregelung. Damit war Zen aber nicht einverstanden.

Die Aktivitäten Zens waren aktenkundig. In seiner *Staatsgeschichte der Republik Venedig* schreibt Johann Friedrich Le Bret über den Dogen Cornaro: »Der bekam aber, ehe er sichs vermuthete, einen Gegner am Cav. Renier Zeno, einem Edlen, der von Jugend auf nach den Begriffen der Freyheit erzogen und seine Begriffe mit der größten Freymüthigkeit, aufrichtig ohne Furcht zu sagen angehalten worden. Sein lebhafter Geist drang in die Staatsangelegenheiten tief ein, und er glaubte, von anderen eben die strenge Beobachtung ihrer Pflichten fordern zu können, die er sich selbst zum Gesetze gemacht hatte.«

Venedig war geteilt in die Gruppe der Corneristi und der Zenisti.

Die geballte Macht des Hauses Cornaro war für Renier Zen eine geradezu willkommene Herausforderung. Er fand bald mehrere Angriffsflächen, drohte dem Dogen selbst mit gerichtlicher Verfolgung und schien in den römischen Jahren vergessen zu haben, welche Bräuche an der Lagune herrschten.

Er wurde zum zweiten Mal verbannt. Als er, begnadigt und rehabilitiert, aus dieser Verbannung heimkehrte und zu seinem Haus im Stadtteil San Marcuola kam, empfing ihn eine begeisterte Menschenmenge. Kaum war er nun zurück, so nahm er die alten Aktivitäten wieder auf.

Er fand uralte, dennoch gültige Gesetze, die dem Dogen und seiner Familie zu schaffen machten. Er monierte, die Cornaro handelten in ihrem Palazzo im Stadtsechstel San Polo mit florentinischen Waren, die verboten waren. Und Giorgio habe den Rindfleischhandel, der von der Adriastadt Zara ausging, an sich gerissen, zum Schaden Venedigs.

Noch weitere Vorwürfe machte Zen verschiedenen Familienmitgliedern der Cornaro und auch anderer Familien, der Große

Rat gab ihm in vieler Hinsicht recht. Bei Abstimmungen obsiegte Zen immer wieder.

Am 30. Dezember 1627 tagte der Rat der Zehn, dessen Mitglied und zeitweise Vorsitzender Zen war, bis um fünf Uhr am Morgen. Danach gingen Renier Zen und sein Kollege Pietro Sagredo zum Molo und warteten auf ihre Barke. Da wurde er unvermutet von fünf unbekannten Personen überfallen, die ihm, berichtet die Chronik. »… mit einem Handbeil verschiedene Wunden beybrachten, wovon aber nur fünf bedenklich waren, nämlich zwo in den rechten Arm, eine in das Genick, eine in die Stirne, und eine, die ihm den Ring- und Ohrenfinger von der rechten Hand hinwegnahm. Er fiel auf eine Bank halb todt hin. Seine Mörder, die ihn für todt hielten, liefen davon, flüchteten in das Haus des Dogen und schlossen die Thüre, welche in den Hof des Pallastes geht.«

Einen weiteren Hieb mit dem Beil hatte ein in der Nähe stehender Bedienter abgehalten, dieser wäre wahrscheinlich tödlich gewesen.

Es gelang dem schwer Verwundeten, sich in die Barke zu schleppen und sich zum Hause seines Schwagers Francesco Donato bringen zu lassen. Die Chronik meldet weiter: »Das Gerücht, das sich den folgenden Morgen hier ausbreitete, erregte eine allgemeine Gährung. Edle und Unedle liefen auf die Piazza, um zu hören, was geschehen war. Die allgemeine Vermuthung war wider die Cornari. Mitten unter diesem Zulaufe von Leuten kam der älteste Sohn Francesco Maria Zeno in Begleitung von Verwandten und Bekannten, mit einer Menschenmenge, die ihm nachlief, auf die Piazza. Seine Bedienten trugen das zerfetzte und blutige Kleid des Zeno, mit einem Handbeil, das man auf dem Boden gefunden hatte.«

Nun schrie der Rat der Zehn Zeter und Mordio – doch bald wurde klar, dass niemand den Mut hatte, die Familie des Dogen und ihren Umkreis direkt zu attackieren. Hohe Belohnungen wurden für Hinweise ausgesetzt, vergeblich. Erst, als bekannt wurde, dass Giorgio Cornaro aus der Stadt geflohen war, hatte die Behörde ebenso wie die Volkswut ein Ziel. Auch die vier Mordgesellen kannte man bald mit Namen, aber der Haupttäter hieß eben Giorgio Cornaro – das Maß war voll, nun sollte bestraft werden, auch der Doge selbst! Ihn absetzen und sein Haus im Sestiere San Polo schleifen, diese Forderung durcheilte die Stadt.

Aber nach wenigen Tagen trat Beruhigung ein, und am Ende geschah gar nichts.

Und der übelste Missetäter Giorgio? Er ließ sich nach einiger Zeit in Ferrara nieder, also im Ausland. Die Heimatstadt sah er nicht wieder – er fiel in Ferrara einem Mordanschlag zum Opfer. Feinde hatte er sich in großer Zahl gemacht, man munkelte, Renier Zen stehe hinter diesem Mord. Doch es blieb bei dem Gerücht. Dass der so rechtlich denkende Mann solch einen Auftrag gegeben haben könnte, das konnte sich niemand ernstlich vorstellen. Eine kleine Genugtuung muss es für ihn dennoch gewesen sein.

Varia

Feinschmecker
in der Renaissance

Wo seit 1861 der Bahnhof die Reisenden entlässt, hat bis dahin eine wunderbare Kirche auf die Gläubigen gewartet, Santa Lucia. Immerhin hat der Bahnhof den Namen übernommen.

Man quert den Canal Grande über die Fußgängerbrücke und steht an den Fondamenta Riva di Biasio. Der Name ist alt, frühes 16. Jahrhundert, wie so vieles in Venedig. Er hält die Erinnerung hoch an ein Ziel der Feinschmecker. Hoch und niedrig traf sich in der Trattoria dieses Biasio, benannt nach dem heiligen Blasius von Sebaste. Der *trattore* selbst sorgte in der familiären, einfachen Atmosphäre seines Lokals für seine Gäste. Und er war nicht nur ein guter Gastwirt, sondern auch ein begnadeter Koch.

Und er wusste mit der Grundlage seines Erfolgs umzugehen. Stets quer zur Faser geschnitten, je nach Alter anders behandelt. Das weiße Scherzel für eine Roulade, ein feines Tafelstück nur wenig bearbeitet, für ein *vitello tonnato* überhaupt nur das feinste Stück vom Kalb! Berühmt war sein *sguaseto*, ein Ragout mit spezieller, geheimer Gewürzmischung! An Tagen, da es bei Biasio *Spezzatino di Vitello* gab, vor allem aber an Osso-Buco-Tagen standen die Gäste in Warteschlangen vor dem Eingang des kleinen Lokals. Zudem hatte der Wirt einen guten Trick, dieses Interesse an seinem Lokal hochzuhalten – ziemlich schnell hieß es »Ausverkauft!«.

Seine Kollegen zerfraß der Neid. Man wechselte den Fleischhauer, man kaufte am Festland in entlegenen Bauernhöfen, man sorgte selbst für den Nachwuchs des Grundmaterials Fleisch mit eigener Landwirtschaft – nichts. Alles ganz gut, aber eben keine Biasio-Qualität!

Dem Kochgenie seine Geheimnisse zu entlocken, war nicht möglich. Man hatte versucht, ihn mit Geld zu überreden, mit schönen Frauen, mit dem Angebot, in einem der prächtigen Palazzi als Koch zu wirken, so auch beim Dogen und beim Patriarchen, wenigstens einige Abende lang – nichts. Man verfolgte ihn an Tagen, da er am Festland einkaufen ging. Er bemerkte es und kaufte nicht ein, bis er sich unbeobachtet fühlte. Wie man auch fragte, Biasio lächelte und schwieg.

Sein Schweigen hatte ein jähes Ende. Ein Gast, ein Matrose, fand in seinem delikaten Mittagessen einen kleinen Finger, einen sehr kleinen Finger, mit Fingernagel. Er ließ den Teller stehen, meinte, er habe etwas vergessen und käme sofort zurück. Man hob seine halb gegessene Mahlzeit auf, und er kam wirklich gleich zurück – in Begleitung der Sbirren des Dogen.

Die Polizisten blockierten die Türen, konnten zuerst gar nicht glauben, was der Mann ihnen erzählt hatte – und dann sahen sie den Finger im Teller. Das Lokal wurde untersucht, in der Küche fanden sich versteckt im Waschbecken menschliche Körperteile, Kleinkinder fachgerecht zerlegt und zum Kochen vorbereitet.

Der Wirt Biasio wurde auf ein Pferd gebunden und in Eile durch die Stadt zur *Quarantia Criminale* gebracht, der Polizeistelle mit dem Spezialgebiet Spurensicherung. Dort gab der Mörder zu, er habe noch ein zweites Fleischdepot, und zwar in seiner Wohnung über der renommierten Trattoria.

Man brachte ihn nun zurück zu seinem mittlerweile versiegelten Lokal. Dort fand sich eine tobende Menschenmenge ein, man

Traditioneller Ort von Hinrichtungen: San Marco e San Todaro, hier im 19. Jahrhundert

wollte ihn erhängen, erschlagen, und viele waren wohl auch empört, »weil sie nun ihren verdorbenen Magen spürten«. So liest es sich in der Chronik.

Biasio wurde sehr schnell vor seine Richter gebracht und war sogleich verurteilt.

Man schlug ihm die Hände ab, sein Mordwerkzeug. Dann brachte man ihn wieder ins Gefängnis.

Leider sind die Protokolle dieser Gerichtssitzungen verschwunden, angeblich bei einem Brand vernichtet worden. Deshalb kann man nicht mehr nachlesen, in welchen Details sich der Mörder über seine Taten äußerte. Er hatte bei seinen häufigen Fahrten in Venedigs Umgebung Kinder aus Wiegen, offenen Häusern, Gärten geraubt. Man deutet heute seine abwegige Neigung auch als eine Form von Pädophilie.

Biasio wurde an der traditionellen Stelle der Piazzetta geköpft, zwischen den Säulen von San Marco und San Todaro. Sein Körper, in Teile zerlegt, wurde in verschiedenen Stadtteilen zur Schau gestellt.

Und die Behörde verfügte, um nicht ständig an die schauerliche Mordgeschichte erinnert zu werden, dass das Haus mit dem Lokal und der Wohnung des Kindermörders zu zerstören sei. Bei dieser Arbeit fand man im Fundament und in Nebenräumen eine Unmenge von kleinen Skeletten und Skelett-Teilen.

Aber die Erinnerung an das Schreckliche hielt sich durch die Jahrhunderte. Selbst eine Strophe in einem Volkslied des 18. Jahrhunderts besingt das Monster Biasio – und die Ufermauer bei Santa Lucia trägt ja noch heute seinen Namen.

Noch einmal, in den Dreißigerjahren des 19. Jahrhunderts, wurde diese Erinnerung mit einem Schlag hellwach. Man vermutete in einem Fleischhauer im Stadtteil San Polo einen Biasio-Nachfolger. Er hatte gut verarbeitetes Schweinefleisch verkauft, zart, von erster Qualität. Jemand brachte den Verdacht auf, es handle sich um Menschenfleisch. Die folgende Untersuchung aber ergab, dass der Fleischer zwar nicht Menschen ermordet hatte, aber dafür sehr viele gekränkt, indem er sie um ihre Haustiere brachte. Nacht für Nacht war er mit einem Sack und einem Dolch unterwegs gewesen und hatte Katzen gesammelt, die am nächsten Tag als nicht wiedererkennbare Delikatesse verkauft wurden.

Zuletzt noch ein wichtiges Detail – Biasio hatte, wie viele Venezianer, einen Spitznamen, ja fast einen Künstlernamen, mit dem er im Register der Todesurteile bezeichnet wird, so geachtet war er – »El Cargnio«. Das heißt »der Mann aus Carnia«, denn aus diesem Landstrich um Tolmezzo stammte er. Zuerst war das ein Ehrennamen, dann wird es in Venedig geheißen haben – was willst du, ein Ausländer, Gott sei Dank kein Italiener!

Das mordende Haus

Um einmal nicht mit Schrecken zu beginnen: Der Campiello Barbaro im Sestiere Dorsoduro hat ganz besonderen Charme. Er liegt abseits, geprägt von Akazien und der Fassade des kleinen Palazzo Barbaro. Gegenüber steht ein Bauwerk, das man kennt, doch nicht von dieser Seite. Diese pflanzenreiche Front ist die Rückseite der Ca' Dario, eines der prominentesten, schönsten, berüchtigtsten Palazzi am Canal Grande. Diese hintere Fassade findet man für gewöhnlich nur, weil man auf der Suche nach dem Eingang zum Palazzo Venier dei Leoni ist, dem Haus mit der Kunstsammlung Peggy Guggenheim.

Der Palazzo Dario spiegelt sich unruhig im Wasser des Canal, und macht so einen noch gebrechlicheren Eindruck. Das Gebäude hat sich leicht gesenkt, jetzt steht es mit schiefer Schulter da.

In *Fuoco* beschreibt Gabriele d'Annunzio das Haus: »Die exakt geformten Kreise von Porphyr und Serpentin schmücken die Casa Dario, die schief dasteht wie eine unter der Last ihrer Geschmeide wankende Kurtisane …«

Die Kurtisane steht seit dem 15. Jahrhundert hier, damals hielt sie sich noch aufrecht, und fast alles, was von ihr an Liebe, Laster, Leidenschaft in den Chroniken verzeichnet ist, hat kaum mit Frauen, fast nur mit Männern zu tun. Wer in Venedig vom Palazzo *maledetto* spricht, meint stets dieses prächtige Gebäude.

Der Namensgeber Giovanni Dario war ein hoher Beamter der Serenissima. Der Architekt Pietro Lombardo bekam von ihm den Auftrag, an dieser prominenten Stelle einen Palazzo zu bauen.

1487 war der Bau fertig, die Darios konnten einziehen. Bald gab es ein erstes Familienfest, eine glänzend gefeierte Hochzeit.

Darios Tochter Marietta hatte sich in einen Sohn des Nachbarhauses verliebt, Vincenzo Barbaro, einen Neffen des Giovanni Dario.

Doch die Ehe der Nachbarskinder stand unter keinem guten Stern. Der junge Mann hatte durch Fehlspekulationen seinen Anteil am Familienvermögen verloren und erwies sich ergo selbst als Fehlspekulation. Nun hatte er zwar den Palazzo des Schwiegervaters geerbt, 1494, aber er war dennoch ruiniert. Ergrimmte Geschäftspartner entledigten sich des Versagers auf die in der Renaissance übliche Art, er wurde erstochen. Marietta beging daraufhin aus Kummer Selbstmord. Der Sohn des Paars, Vincenzo junior, suchte sein Glück auf der Insel Kreta, damals Candia, und wurde ebenfalls ermordet.

So tragisch begann der Weg dieses Palazzo durch die Jahrhunderte, und so sollte er bleiben.

Bis zum Ende der souveränen Republik blieb die Ca' Dario im Besitz der Familie Barbaro. Sie hatte sich durch die Jahrhunderte in der ersten Reihe halten können – Alessandro Barbaro war Mitglied im letzten Rat der Zehn und Inhaber anderer Ämter der Serenissima. Er musste nun endlich doch verkaufen, ein armenischer Schmuckhändler war der neue Besitzer des Palazzo Dario, Arbit Abdoll.

Der übersiedelte stolz in sein neues Zuhause – und war bankrott.

Der nächste Hausherr, ab 1842, hieß Randon Brown, ein Brite. Auch er erwählte den Palazzo zum Hauptwohnsitz, für sich und seinen Freund, seinen Lebensgefährten. Brown war homosexuell, was zu seiner Zeit als halbes Verbrechen galt. Die neuen Nachbarn

Claude Monet (1840–1926) …

dürften nicht mit Spott gespart haben. Das Männerduo wurde zum Skandal. In ihren Mauern begingen die beiden Herren Selbstmord.

Nun gab das Haus für einige Zeit Ruhe.

Seinem mysteriösen Ruf wurde es in diesen langen Jahren zwar

... hat die Ca' Dario ...

nicht unentwegt gerecht, aber er war da und vertrieb manchen potenziellen Käufer. Ein ungarischer Aristokrat ließ sich nicht abschrecken, ihm folgte der französische Dichter Henri de Régnier, der in dem Palazzo sein Werk *L'Altana ou la vie vénitienne* verfasste.

… in mehreren …

Merkwürdigerweise gab es dann wieder einen homosexuellen Hausherrn, den US-Amerikaner Charles Briggs. Und auch er hatte unter der Häme der Venezianer zu leiden. Sein Freund hielt das nicht lange aus, er übersiedelte, möglichst weit weg, nach Mexiko. Briggs widerstand den Beleidigungen und Gerüchten noch einige Zeit, dann folgte er dem Freund, Raul Carrera, einem Kubaner. Der wiederum hatte inzwischen Ähnliches erlebt wie zuvor am Canal Grande, auch Mexiko war nicht liberal genug. Briggs traf ihn nicht mehr an – er hatte sich umgebracht.

1962 entschloss sich dem ramponierten Ruf des Palazzo zum Trotz ein großer Mann zum Erwerb der Ca' Dario – der weltberühmte Tenor Mario del Monaco. Er verhandelte, stand kurz vor

... Variationen gemalt.

Vertragsabschluss – und hatte in diesen Tagen einen schweren Unfall, der ihm noch jahrelang Kummer machte. Das Haus hatte präventiv zugeschlagen. Es kam nicht zum Kaufvertrag.

Einige Jahre später starb wieder ein Besitzer auf gewaltsame Weise. Graf Filippo Giordano delle Lanze war ein bekannter Kenner und Käufer von Antiquitäten und wertvollen Büchern. Der alte Palazzo erlebte eine Renaissance, er wurde von oben bis unten restauriert, im Sinne des kunstliebenden Grafen.

Conte delle Lanze wurde von seinem Liebhaber und Mitbewohner durch mehrere kräftige Schläge mit einem Gegenstand von großem Gewicht auf den Kopf ums Leben gebracht, von einem zwanzigjährigen kroatischen Seemann.

Die Haushälterin hatte am Abend durch eine geschlossene Türe einen Streit mitverfolgt, es ging vordergründig um Geld. Doch tatsächlich ging es auch um Liebe – der Kroate hatte eine Geliebte und wollte die Fronten wechseln.

Am nächsten Morgen fand die Haushälterin den Leichnam des Hausherrn, daneben die silberne, ziselierte und nun verbeulte Vase. Im Zuge der Recherchen behauptete eine Frau aus der Nachbarschaft, sie habe in der Nacht zwei junge Leute, einen Mann und eine Frau, gesehen, die in höchster Eile den Palazzo verließen und davonliefen, offenbar auf dem Weg zum Flughafen.

Der Mörder, Raoul Blasich, entkam und floh nach London – in Begleitung einer jungen Amerikanerin, die er heiraten wollte.

Der Fluch des Hauses folgte ihm, er wurde in London ermordet, sei angeblich lebend eingemauert worden.

Wieder einmal war der Palast seinem Spitznamen gerecht geworden – Ca' Dadrio. Das ist jetzt etwas peinlich. Dadrio ist venexian für *di dietro* – das Haus hieß also etwa das »Hinternschloss«.

Apropos London – Christopher Lambert, Manager der Rockband The Who erwarb bald danach den Palazzo. Unmittelbar nach dem Besitzerwechsel geriet das Haus in Brand, die Feuerwehr konnte nur die oberen Stockwerke retten. Lambert starb einige Jahre nach dem Kauf, 1981, in London durch einen Sturz über eine Treppe. Man munkelte von Selbstmord. Andere Quellen berichten, er sei von seinem Drogendealer ums Leben gebracht worden.

In den frühen Achtzigerjahren war die Ca' Dario wieder in venezianischem Besitz. Der Geschäftsmann Fabrizio Ferrari hatte sie gekauft, er zog mit seiner Schwester Violetta ein. Bald danach war er pleite, die Schwester kam bei einem Verkehrsunfall ums Leben.

1993 endete das Leben des nächsten Schlossherrn. Er hatte die Ca' Dario seiner Tochter zuliebe 1986 erworben. Raul Gardini war durch Erbschaft, er übernahm das Wirtschaftsimperium seines Schwiegervaters Serafino Ferruzzi im Jahr 1979, und kluge Geschäftsentscheidungen immens reich geworden. Seine weit verzweigte Unternehmensgruppe hatte Besitz und Anteile in Italien, Frankreich, Deutschland, Südamerika. Über die Versicherungsgruppe La Fondiaria in Florenz kam er auch in den Besitz von 25% der Hamburger Volksfürsorge. 40%, später die Mehrheit, von Montedison gehörten ihm, chemische Industrie, Pharmazie, Agroindustrie und anderes. Seine Gruppe war nach FIAT Italiens zweitgrößter privater Konzern. Und Gardini erwarb sich den Ruf des unbezwingbaren Siegers und den Spitznamen, beinahe Kosenamen Bonaparte.

Aber als er in Korruptionsverdacht geriet und in die gewaltigen Finanzskandale verwickelt war, die Italien damals schon seit Jahren erschütterten, die zu den Mani pulite-Prozessen führten, hat er sich 1993 erschossen.

Bald gab es wieder neue angebliche Schlossherren, aber es blieb bei Gerüchten. Weder Woody Allen noch Elton John kauften den Palazzo maledetto. Das Haus ist seit Jahren im Besitz eines amerikanischen Konzerns.

Liebe, Tod
und Reißverschluss

Hier geht es einmal ausnahmsweise nicht um einen Mord, aber dafür gibt es einen hochinteressanten Leichnam.

Am 10. Jänner 1949 gegen 10 Uhr fand das Zimmermädchen des Hotels Kette, nahe dem Teatro la Fenice, einen Gast in seinem Zimmer auf dem Fußboden liegend, der das Bewusstsein verloren hatte. Ein Herr aus Wien, distinguiert, elegant, lag im Koma, Edwin Selzer. Der herbeigerufene Arzt erklärte, dem Fünfundvierzigjährigen nicht mehr helfen zu können. Kurz darauf starb der Mann.

Selbstmord? Gehirnblutung? Merkwürdig war, dass Selzer kurz vor seinem Tod seine Rechnung bezahlt hatte, mit Schecks, unterfertigt von einer gewissen Elsa Bassi. Macht so etwas ein Selbstmörder?

Man kannte Herrn Selzer. Er war ein Stammgast. Seit drei Jahrzehnten lebte er in Milano, oft kam er nach Venedig, um in die Spielbank zu gehen. Was er von Beruf war, das wusste man nicht genau – Kunst, Antiquitätenhandel, vielleicht auch irgendwas mit Chemie? Stets kam er allein an, so konnte man auch niemanden befragen. Sicher war nur, dass er dem Roulette geradezu verfallen war, mit wechselndem Glück.

Der Tote wurde in das Leichenhaus gebracht, da erschien im Hotel in heller Aufregung Elsa Bassi, aus Mailand angereist, eine gut aussehende Dame von zweiundvierzig Jahren. Sie erklärte dem Personal und dem Beamten, der den Fall untersuchte, sie sei Selzers Lebensgefährtin, seit acht Jahren. Erschüttert von der Vermutung, ihr Mann habe Selbstmord begangen, machte sie den Anwesenden heftige Vorwürfe. Es wäre richtig gewesen, den Ohnmächtigen liegen zu lassen, wo er war, sie zu verständigen, sie hätte ihn aus der Agonie holen können. Sie verfüge über radioaktive Mittel, selbst dem Tod die Stirne zu bieten.

Ihre merkwürdige Aussage, dazu ihr hektischer, ja hysterischer Auftritt, brachte einerseits zum Lachen, andererseits war das ansteckend. Auf der Stelle musste sie dringend ins Leichenhaus. Man müsse verhindern, dass jemand den Toten berührt, man dürfe nicht einmal in seine Nähe kommen. Zwar sei sie zu spät gekommen, um Selzer zu retten, doch nun könne sie wenigstens verhindern, dass aus seinem Ende großer Kummer für Venedig erwachse.

Da nun wurden die Behörden wach, das war nicht mehr lustig. Alleine die Begriffe »radioaktiv« oder »Atom« waren in diesen frühen Nachkriegsjahren Anlass zu heller Aufregung, man munkelte von Atomspionen, wusste von Kernwaffentests und fürchtete radioaktive Niederschläge. Unbedingt wollte man Zeitungsberichte verhindern, die die Öffentlichkeit beunruhigen würden.

Elsa Bassi wies sich als Staatsbürgerin der USA aus, Ehefrau eines Millionärs, John J. Cilento, eines New Yorkers. Sie sei 1940 nach Italien zurückgekehrt, nachdem sie ein Bild von Rubens und eines von Tizian verkauft hatte.

In Mailand habe sie sich niedergelassen, von ihrem Vermögen lebend. In den letzten Kriegstagen lernte sie den Ingenieur Selzer kennen, gut gebaut, elegant. Er teilte seine Zeit in Roulette, wissenschaftliche Experimente und Kunsthandel, an diesem war auch sie interessiert. Das Glücksspiel war ihr nicht wichtig, sie hatte eine andere Passion – Boxkämpfe, die sie in Mailand und Turin gerne besuchte.

Die vielseitige, spannende Persönlichkeit Selzers beeindruckte Elsa Bassi so stark, dass sie nicht nur ihr Leben, sondern mehr und mehr auch seine wissenschaftlichen Interessen mit ihm teilte. Das Paar lebte in einem geräumigen Appartement am Corso Matteotti, im Zentrum der lombardischen Hauptstadt. Drei Jahre blieben sie in der Wohnung, die vor ihnen Clara Petacci, Mussolinis Geliebte, bewohnt hatte. Danach bezogen sie jeder für sich ein neues Quartier.

Die wissenschaftliche Arbeit Edwin Selzers führte zu ganz erstaunlichen Ergebnissen, nach den Aussagen seiner nunmehrigen Assistentin Elsa Bassi.

Nicht nur »interzellulare Heilungsmethoden durch Strahlung« wussten die beiden zu erforschen, sie konnten selbst die Geheimnisse von Leben und Tod lösen – erklärte die Bassi.

Kurz vor seinem Tod durch eine Gehirnblutung, die man inzwischen diagnostiziert hatte, war dem Wiener das Glück im Spiel ferngeblieben. Er hatte im Roulette eine ganze Million Lire verloren, heute ungefähr € 70 000,–. Diese Summe hatte ihm sein in Australien lebender Bruder überwiesen.

Selzer verwendete sein Geld für seine Experimente, so für Arbeiten zum Projekt *Raggi gamma*, dabei ging es um subatomare Prozesse und Kernzerfall.

Als man nun zwecks endgültiger Klärung der Todesursache eine Autopsie anordnete, protestierte die Bassi aufs Lebhafteste. Selzer habe in seinem Inneren Materien, die zur Explosion des Leichnams führen würden, was schwerste Schäden in den umliegenden Räumen, ja auch bei den Menschen auslösen würde! Niemand dürfe den Toten auch nur berühren!

Obwohl Ärzte und Behörden die Aussagen von Elsa Bassi nicht wirklich ernst nahmen, sahen sie nun von einer Autopsie ab und gaben die Leiche für die Beerdigung frei, so bald wie möglich, auf dem jüdischen Friedhof am Lido.

Damit waren die Schwierigkeiten nicht beendet – die Bassi verlangte kreischend, man müsse den Toten in einen ganz bestimmten Anzug kleiden und ihm eine spezielle Brille aufsetzen, denn er müsse kosmische Strahlen auf sich ziehen können. Auch könne er mit ihrer Hilfe eines Tages auferstehen.

Man nahm Frau Bassi im Leichenhaus ernst. Der Sarg wurde geöffnet, alle ihre Wünsche wurden erfüllt. Nun schienen alle Probleme beseitigt.

Weit gefehlt! Denn wenige Tage später kam aus Luxemburg Herr Dr. Martin O. Winterhalter an, Forscher und Erfinder auch er, durchaus bekannt, fünfzig Jahre alt, schwerreich, wohnhaft in Lugano. Sein Vermögen hatte er durch eine Erfindung gemacht.

Er hatte in einer französischen Zeitung, dem *Intransigeant*, vom Schicksal Selzers gelesen und das erste Flugzeug genommen.

Er erklärte, der Zweck seiner Reise sei es, die von der Leiche Selzers ausströmenden Strahlungen zu neutralisieren und unheilvolle Folgen des plötzlichen Todes zu verhindern.

Diese Aussagen bestätigten die kurios wirkenden Meldungen der Elsa Bassi.

Zusätzlich brisant wurden sie, weil Winterhalter und Bassi von der Bedeutung sprachen, welche die gemeinsame Forschung für die Armee Mao Tse-tungs haben werde.

Kaum angekommen, eilte Winterhalter schnurstracks auf den jüdischen Friedhof, begleitet von seinem Assistenten Carlo Montanari. Sie deponierten eine geheimnisvolle Kassette, die jene Gammastrahlen aussandte: »Diese Strahlen können die Radioaktivität der Leiche Selzers absorbieren. Eine halbe Stunde ihrer Wirkung kann Venedig vor den Folgen bewahren, die sonst innerhalb von acht Tagen zu erwarten wären.«

Danach erklärte er den entgeisterten, von ihm herbeigeholten Journalisten, er habe als kämpferischer Katholik in Luxemburg eine Kirche bauen lassen, an einer Stelle, an der die Madonna einem Kind erschienen sei. Nun sei er, Winterhalter, vom Himmel erwählt, dank seiner Forschungen die Menschheit zu erretten. Seine Gammastrahlen seien in der Lage, die negativen Wirkungen der Röntgenstrahlen zu reduzieren.

Währenddessen hatte Frau Bassi Probleme mit ihrer Hotelrechnung und jener von Selzer, ihre Schecks waren nicht gedeckt. Dafür sorgte sie für einen skurrilen Auftritt: Sie stieg die Treppe der Hotelhalle herab in der Art des Bühnenstars Wanda Osiris, aber komplett nackt. Der Direktor konnte sie bewegen, ihr Zimmer wieder aufzusuchen.

Am nächsten Morgen verließ sie das Hotel mit den »geheiligten Kleidern« Selzers, um in einem anderen Hotel einen Abgesandten von Albert Einstein zu erwarten. Die noch offene Rechnung werde Dr. Winterhalter begleichen, dann reise man gemeinsam ab.

Wenige Tage später war Frau Bassi wieder da – warum sie nach Venedig zurückkehrte, erzählen die Quellen vorerst nicht. Jedenfalls war sie im Wagen von Winterhalter schon in der Nähe von Mailand gewesen, da fuhr er aber weiter nach Como, blieb erst vor einer psychiatrischen Anstalt stehen und brachte sie mit Gewalt mithilfe seines Assistenten in das Haus.

Die Bassi konnte flüchten, verbarg sich in einem nahen Gehölz, machte sich zu Fuß auf den Weg in Richtung Mailand – egal, nun war sie jedenfalls zur Verzweiflung der Direktion wiederum in dem geplagten Hotel.

Sie erklärte den Grund ihrer Rückkehr – Eifersucht. Man hatte ihr von einer wunderschönen, geheimnisvollen Dame berichtet, die in den Tagen vor seinem Tod das Bett mit Edwin Selzer geteilt hatte. Wer war die Frau, hatte sie mit seinem Tod zu tun, und wo steckte die Urankapsel, die der Ingenieur stets bei sich trug?

Wie ein Schachtelteufel tauchte auch Dr. Winterhalter wieder aus der Versenkung auf, vertreten durch zwei seiner Mitarbeiter, die Frau Bassi zu einem Gespräch nach Nyon in der Schweiz bringen sollten.

Mittlerweile hatte sich auch die Vereinigung professioneller Roulettespieler gemeldet, der Selzer angehört hatte. Sie organisierte im Teatro Malibran einen Wettbewerb um den Preis »Coppa Edwin Selzer«. Mit dem Reingewinn sollten die radioaktiven Forschungen des Toten weitergeführt werden.

Ein venezianischer Physiker untersuchte in diesen Tagen Selzers Urin, woher auch immer er ihn bekommen hatte, um herauszufinden, ob denn die Leiche tatsächlich so stark radioaktiv kontaminiert sei, wie Elsa Bassi behauptete.

Leider kennen wir dieses Ergebnis nicht, dafür aber ein anderes, neues. Der *Gazzettino* vom 17. Jänner 1949 deckt zumindest ein Geheimnis des abenteuerlichen Kriminalfalls auf, die wahre Identität der drei Hauptfiguren. Der angebliche »Ingenieur« Selzer, in den Zeitungen immer wieder als »Dr. Zeltz aus Wien« bezeichnet, der sich bald erst als Techniker, dann als Buchhalter erwies, war ein staatenloser Polsterer aus Galizien. Elsa Bassi, auch sie aus jüdischer Familie, war in Venedig aufgewachsen und hatte durch einen gebildeten Onkel die Liebe zu Antiquitäten entwickelt. Das schöne Mädchen zog der Liebe wegen nach Milano, kam allerdings schon früh in Kreise von Kokain- und Morphiumabhängigen.

Weiter ging die Reise, nun in die USA, dort lernte sie John Cilento kennen, wurde seine Freundin, gab sich als seine Ehefrau aus. 1936 kehrte sie nach Italien zurück, wurde schließlich der Rassengesetze wegen interniert und erlebte das Kriegsende im Gefängnis von San Vittore in Milano.

Als sie Selzer kennenlernte, begann auf der Stelle eine Interessengemeinschaft. Beide befassten sich mit Antiquitätenhandel. Von den behaupteten Experimenten war keine Rede. Selzer übte seine Tätigkeit aus und befasste sich daneben einzig mit der Suche nach einem sicheren Glücksspielsystem.

Und dieser Dr. Martin Otmar Winterhalter? Er war einerseits ein schäbiger Betrüger, der sich mit Angebereien und Lügen durchs Leben zu schlagen schien, wie in diesem Fall mit den angeblichen Forschungen zum Thema Gammastrahlen. Andererseits war er … aber dazu später mehr. Im Krieg hatte er dem Nazi-Regime von Vichy gedient, war als Partisanenjäger, dann auch als Drogenkurier im Einsatz, und hatte schon bald nach Kriegsende mit dem einfältigen Gaunerpaar zusammengearbeitet.

Und nun muss man sich dieses Trio vorstellen – die beiden Juden und der alte Nazi, eine kampferprobte Gaunertruppe fantasievoller Betrüger, die vertrauensvollen Opfern auflauerten, um sie mithilfe verwegener Lügenkonstrukte hineinzulegen. So wie in unserem Fall, da sie sich als Kenner und Liebhaber venezianischer Kunst ausgegeben hatten und sich beinahe ein äußerst wertvolles Gemälde ergaunert hätten.

Das verbliebene Betrügerpärchen ist zur Hälfte dem Vergessen anheimgefallen. Man hat nichts mehr von Elsa Bassi gehört, in keiner Zeitung mehr etwas über sie gelesen. Auch von der »Coppa Edwin Selzer« war niemals mehr zu hören, ihr Namensgeber erscheint noch einige Zeit in der Sensationspresse.

Winterhalter hingegen stand immer wieder im Fokus weiten Interesses. Er kam 1889 in St. Fiden im Kanton St. Gallen zur Welt. Er hat sechs Geschwister, ist der Jüngste. Eine Schwester hat in Erinnerung an seine Kindheit nur wenig liebenswürdige Worte für ihn übrig – er sei »abnorm, manisch, skrupellos und undiszipliniert« gewesen. Nach dem Jura-Studium in Leipzig, das er mit der Promotion abschließt, lernt er 1923 den Schweden Gideon Sundbäck kennen. Dieser ist quer durch Europa unterwegs und sucht Partner für seine Erfindung. In Winterhalter hat er einen gefunden, der ihm sogleich die ganze Idee abkauft und weiterentwickelt. Und so wird der Schweizer zum Erfinder des Reißverschlusses.

Was hat das mit unserem venezianischen Kriminalfall zu tun? Wie ist es möglich, dass ein gebildeter Mann, der imstande ist, gute Geschäfte zu machen, auf der anderen Seite solch ein Abenteurer ist? Von den Hintergründen war schon die Rede – aber dazu kommt die merkwürdige geistige Verfassung Winterhalters.

Zwar warf die Reißverschlussfabrik in Mendrisio im Tessin Geldmengen ab, die ihrem Besitzer ein sorgenfreies Leben ermöglichten. Doch nach Ablauf der Patente wurde zwar das Geld knapper, doch Winterhalters Lebensstil blieb gleich hoch.

Gerade nach den beschriebenen venezianischen Tagen bahnte sich in seiner Villa eine Tragödie an. Am Morgen des 16. Jänner 1949 erschienen drei Männer in Winterhalters Villa, der gerade beim Frühstück saß. Sie dringen in das Haus ein, er weiß sich zu wehren, dennoch wird er überwältigt. Zum ersten Mal haben seine Geschwister versucht, sein Vermögen vor dem endgültigen Verfall zu retten. Vergeblich, der Fabrikant flieht einige Monate später aus der Anstalt, in die man ihn gebracht hat. Er reist nach Wien und will dort eine neue Fabrik aufbauen.

Aber das gelingt ihm nicht. Die Geschwister bleiben hartnäckig, er wird abermals interniert und dieses Mal entkommt er nicht mehr. Sie lassen ihn 1951 entmündigen, in einer psychiatrischen Klinik ist er 1961 gestorben.

Die Geisterseher

Was hier folgt, ist der einzige Fall, der seine Grundlagen nicht in alten Zeitungen, Archiven, Aufzeichnungen meines Freundes hat.

Als die Prospekte meines Verlags erschienen und dieses hier vorliegende Buch ankündigten, bekam ich einen Anruf. Ein Mann mit rauer Stimme, der zwar deutsch, aber mit einem Akzent sprach, den ich nicht identifizieren konnte, erzählte mir von einer Geschichte, die er seiner Familie verdanke. Sie handle zum großen Teil in Venedig, ob ich mehr wissen wolle?

Ich wollte und bat ihn, mir zu schreiben. Das wieder wollte mein Telefonpartner nicht, er wollte nur erzählen, er wolle »nicht in irgendetwas hineinkommen«. Nun war ich also noch neugieriger.

Wir trafen uns einige Wochen später. Ich hatte dafür Wien vorgeschlagen, er wollte mich lieber in Venedig oder, wenn das nicht möglich wäre, in Triest sehen. Also – Venedig, beide Male in einem wenig empfehlenswerten Lokal beim Bahnhof Santa Lucia. Man kannte ihn hier und er hatte, entgegen den neuen Gesetzen, die Raucherlaubnis.

Der Mann war um die sechzig Jahre alt, elegant, wenig Haar, ein mächtiger grauer Schnurrbart. Er war Kroate mit zum Teil italienischen Vorfahren, das war ja früher kein seltener Fall. In Triest geboren, lebte er seit vielen Jahren in Agram, Kroatien, heute Zagreb, und kam nach Triest und Venedig, wann immer er konnte. Nach seiner beruflichen Tätigkeit gefragt, gab er mir keine direkte Antwort, erwähnte ererbtes Geld, ein ebenso geerbtes Haus, er müsse zwar nicht arbeiten, aber er sei dennoch sehr aktiv.

Was ihn denn bewogen habe, mich anzurufen, nach mühevollen Recherchen nach meiner Telefonnummer?

»Ich habe die Sache immer schon selbst schreiben wollen, aber das ist ein Beruf, das kann man nicht so einfach von einem Moment zum anderen.«

Doch für mich könnte er doch einiges notieren – nein, auch das wollte er nicht. Die Umstände machten das nicht ratsam. Und dann erzählte er.

Seines Urgroßvaters Bruder hatte die halbe Welt bereist. Er kam, noch als junger Mann, um das Jahr 1880 nach Wien, nach Jahren in Europa, Asien, Nordafrika. Finanziell unabhängig, lebte er seine Neigungen und Interessen. Dazu gehörte vor allem anderen der Spiritismus – in diesen Jahren große Mode.

Dieser Urgroßonkel also, er hieß mit Vornamen Slavko, fand bald in einschlägige Kreise und wurde in einen Kreis von Spiritisten aufgenommen, der sich häufig in Wien traf. Man deutete ihm geheimnisvoll an, auch Mitglieder des Kaiserhauses kämen manchmal zu diesen Treffen, was Slavko aber gleichgültig war. Ihm ging es um die Sache und nicht um gesellschaftlichen Anschluss.

Die weitschweifige, überausführliche Art meines Gesprächspartners in der Schilderung der Nebenumstände kostete viel Zeit, zumal sie laufend unterbrochen war von den Zeremonien mit den selbst gedrehten Zigaretten, die er unentwegt erzeugte, andächtig rauchte. Auch nannte er mir seinen Namen nicht, er schien ein Geheimnis daraus machen zu wollen. Auch vom Urgroßonkel erfuhr ich ja nur den Vornamen.

In Wien also lernte dieser ganz verschiedene Adepten des Spiritismus kennen. So wenig mein Informant seinen eigenen Namen preisgab, so genau benannte er diese Kontakte seines Verwandten, deren Namen ihm geläufig waren. Da war von einem Amerikaner namens Slade die Rede, von einer Dame Anna Rothe, Slavko hatte sie in Wien getroffen.

Nach gut zwei Stunden und wenigstens dreißig Zigaretten wurde ich unruhig. Vorsichtig bat ich um Auskunft, was denn all das mit meinem Buchthema zu tun habe. Ich möge nicht ungeduldig werden, er brauche eben so viel Zeit, bei unseren nächsten Treffen sei es dafür einfacher. Aber wenn es mich nicht wirklich interessiere …

Ich beeilte mich, ihn meines Interesses noch einmal zu versichern, dann vereinbarten wir ein zweites Treffen an demselben Ort.

Zwei Tage lang kam mir der Mann zwar immer wieder in den Sinn, aber meine Neugier hatte er noch nicht ernsthaft geweckt. Spiritismus ist nicht mein Gebiet. Dann saßen wir in demselben Hinterzimmer wie zuvor.

Diesmal begann das Gespräch ganz anders.

»Ich habe Ihnen nicht einmal meinen Namen genannt, verzeihen Sie! Ich heiße Ante Mastellari. Stört es Sie, wenn ich so viel rauche?«

Es störte mich nicht, ich rauche ja selbst, allerdings Pfeife.

Ich eröffnete Herrn Mastellari, dass ich nur noch zwei Tage lang in Venedig sein könne, dann musste ich zurück nach Wien – und mein Buchmanuskript abgeben.

Er möge also bitte auf das eine oder andere Detail verzichten, und das tat er nun wirklich. Auch hatte er vor, möglichst bald seinen Bruder Mirko Mastellari zu besuchen, Maler, er lebte in Stuttgart.

Slavko, der Urgroßonkel, wurde Zeuge einer Séance, die lang

angekündigt, mit großer Spannung erwartet worden war. Ein berühmtes Medium namens Bastian trat auf, sogar zwei Erzherzoge hatten ihren Besuch angesagt. Tatsächlich war die gesamte Runde ungemein beeindruckt, auch die beiden Mitglieder des Kaiserhauses. Eine weitere Séance wurde angesetzt, und auch diese bewies die Kraft des Mediums. Bastian wurde zu einem dritten Termin gebeten.

Und das war komplett danebengegangen. Die Erzherzoge, Rudolf und Johann Salvator, hatten Herrn Bastian eine Falle gestellt, in die er getappt war und sich als Schwindler erwies. Die beiden kaiserlichen Fallensteller und andere anwesende Skeptiker verließen die Séance, ohne sich je wieder für derlei Veranstaltungen zu interessieren. Zu ihnen gehörte auch Onkel Slavko.

»Lieber Herr Mastellari«, sagte ich, »wir sind aber noch immer nicht bei meinem Buchthema angekommen.«

»Seien Sie nicht schon wieder ungeduldig! Jetzt kommt Ihre Geschichte.«

Der Veranstalter dieser Wiener Séancen hoffte, sein Publikum wenigstens teilweise zurückzugewinnen, und wandte sich schriftlich auch an Urgroßonkel Slavko.

Zwar habe man diese kleine, auch noch nicht erwiesene Enttäuschung erlebt, aber nun habe er hier einen Menschen, dessen paranormale Fähigkeiten über jeden Zweifel erhaben seien. Er habe in Wien schon mehrfach seine Seherkraft bewiesen, das werde er in den nächsten Wochen auch in Venedig tun – wenn der Herr also Interesse habe?

Was in Wien die Beweise gewesen wären, und weshalb gerade Venedig, fragte Slavko. Das Medium könne mit Sicherheit den Tod vorhersagen. Und Venedig, weil es dort eine spezielle, für das Experiment günstige Atmosphäre gebe.

Der Onkel sagte zu und reiste wenige Wochen später, im September 1885, an die Lagune ab.

Das kleine Hotel am Campo San Giglio kannte er von vielen Aufenthalten, auf die Zusammenkunft musste er noch einige Tage warten.

An jenem Abend fand sich eine Gruppe von etwa vierzig Menschen um 21.00 Uhr bei San Zaccaria ein und wurde von einem privaten Dampfboot aufgenommen.

Slavko kannte keinen der übrigen Teilnehmer, und da auch von diesen nicht gesprochen wurde, verlief die Fahrt in tiefem Schweigen. Eine gute Stunde dauerte es, dann legte man an einer kleinen Insel an.

Im Gänsemarsch ging es nun zu Fuß durch die Felder, in dunkler Neumondnacht. Bald erkannte Slavko das Reiseziel – die Fortezza Sant'Andrea: Sie war ihm von seinen früheren Besuchen wohlbekannt.

Da nun wurde endlich ein Wort gesprochen. Ein jüngerer Herr wandte sich an die gesamte Gruppe, erklärte, wo man war, und man möge ihm nun in den vorgesehenen Raum folgen. Dort, weitgehend im Dunkeln, standen Stühle, der Raum war durch einen schweren Vorhang geteilt. Der Sprecher erläuterte nun, warum man sich gerade hier einfinde. Das Medium, eine nicht mehr ganz junge, attraktive Frau mit blondem Haar, das rein gar nichts Geheimnisvolles an sich hatte, stand neben ihm. Sie glitt bald hinter den Vorhang und wurde den ganzen Abend lang nicht mehr gesehen.

Inzwischen waren schon wieder an die zwei Stunden vergangen. Ich wagte nicht, meinen Gesprächspartner zu unterbrechen, aber da der Kellner sich nach längerer Zeit der beiden Gäste im Extrazimmer erinnerte, gab es eine Pause.

»Sie wissen, Herr Mastellari, ich bin nur noch heute hier und muss Ihre Geschichte morgen auf der Zugreise niederschreiben!«

»Danke, ich habe verstanden.« Und nun ging es etwas flotter.

Zehn Minuten blieb es in der Fortezza Sant'Andrea still. Dann begann das Medium in gutem Italienisch ohne Akzent zu sprechen. Sie fragte nach einem Mann, der ihr sein Erscheinen versprochen habe. In diesem Raum hier habe er ja einst einige Zeit gelebt und auch einige Erlebnisse gehabt.

Mit immer stärker beschwörendem Ton redete sie auf ihn ein.

Dann war er da.

Die Erscheinung sprach einen ebenso guten, ja vornehmen Akzent. Nun redete das Medium direkt und konkret mit der Erscheinung, die sie mit »Chevalier« ansprach. Immer mehr wurde klar, wen sie da vor sich hatte – Giacomo Casanova.

Wenige Sätze ohne Belang wurden gewechselt, dann forderte der junge Mann die Anwesenden auf, der Erscheinung Fragen zu stellen. Nach kürzerem Zögern bat jemand um diese, jemand um jene Antwort, die zumeist aus einem Ja oder Nein bestand.

Bis ein älterer Mann fragte: »Sagt dir der Name Varutti etwas?«

Die Erscheinung stöhnte auf. »Varutti!«, war die gequälte Antwort. Das Medium mengte sich ein: »Der Name eines Feindes?« Abermals stöhnte die Erscheinung, minutenlang, dann trat Stille ein. Das Medium fragte noch behutsam, ob es etwas tun könne – nichts. Dann sagte die Frau laut und deutlich: »Wir werden dich rächen.«

»Auf welche Weise?« Stille, dann das Medium: »Zwei Herren in der letzten Reihe müssen sich in den nächsten Tagen sehr in Acht nehmen.« Und somit war die Séance beendet.

Mastellari schwieg und rauchte. Ich schwieg auch, schenkte mir aus der Karaffe Weißwein nach und wartete.

»Und dann?«, unterbrach ich das lange Schweigen.

Die Gesellschaft löste sich auf, ging zurück zur Anlegestelle, einige waren auf der Insel geblieben, würden wohl später geholt werden. Und man fuhr mit dem Boot wieder nach San Zaccaria, von wo man losgefahren war.

In den folgenden Tagen fand man im Canale de San Nicolò in kurzem Abstand vom Ufer die Leichen zweier Selbstmörder.

Giacomo Casanova (1725–1798)

Der Jüngling war ein Privatdetektiv gewesen. Er hatte einen Auftrag für eine Abrechnung mit einem Gegner, ehemaligem Geschäftsfreund, bekommen. Das war ihm nun eine Nummer zu groß und über Mittelsmänner fand er Partner, die zu Komplizen werden mussten.

Man hatte den Termin der Séance in Erfahrung gebracht. Der

Privatdetektiv übernahm die Präsentation in Venedig. Seine Komplizen sorgten dafür, dass die beiden Männer, denen der Auftrag galt, am betreffenden Abend im Publikum waren, wie auch die Gaunerschar. Auf dem Rückweg durch die Dunkelheit fanden dann die beiden Opfer ihr Ende.

Er blieb still. Ich dachte, auch und vor allem, an die Logik der eben gehörten Ereignisse.

Ich nutzte meinen letzten Tag in Venedig, um in den Zeitungsarchiven den September 1885 zu durchforsten, aber ich fand keine einschlägige Nachricht, außer den wiederkehrenden Meldungen über Selbstmörder, aber ohne Namen, ohne Details. Die Rechnung war offenbar aufgegangen. Auch die Séance mit der offensichtlichen Drohung fand nirgends Erwähnung.

Der Aufwand der Täter war mir nicht erklärbar. Doch dann las ich immer wieder, dass Selbstmorde in Venedig nichts Besonderes seien – es gebe sogar das Venezia-Syndrom. Menschen reisten justament an die Lagune, um sich umzubringen und hier auch bestattet zu werden.

Herrn Mastellari sah ich nie wieder und konnte ihn also nicht mehr weiter befragen.

Einzig den vom Medium genannten Namen konnte ich ausforschen. Matteo Varutti war der Messer Grande der Serenissima, der Casanova verhaftet und in die Bleikammern gebracht hatte.

Don Francesco

Wer sich auf den Weg zu einem Vivaldi-Konzert macht, das man ihm empfohlen hat, und deshalb die Kirche San Basso sucht, wird nur bei guter Venedig-Kenntnis bald ans Ziel kommen. Das elektronische Gästebuch des Ateneo San Basso ist voll mit einschlägigen Klagen. Dabei ist der Weg ganz einfach zu finden, die Kirche liegt dreißig Meter von San Marco entfernt, wenige Schritte neben der Torre dell'Orologio, an der Piazzetta dei Leoncini. Dazwischen steht der Palast des Patriarchen von Venedig, und ein Patriarch hat diesen alten Kirchenraum dem Publikum zugänglich gemacht. Er hieß Angelo Roncalli und wurde bald Papst Johannes XXIII.

San Basso zählte zu den ältesten Kirchen der Serenissima, 1076 erbaut. Zweimal ist sie komplett abgebrannt, zweimal wurde sie wieder aufgebaut. Erst die Franzosen haben ihr ein Ende bereitet, ihr Zerstörungswerk auch hier ausgeübt und sie 1806 säkularisiert. Jahrzehntelang diente der nunmehr schmucklose, leer geräumte Bau profanen Zwecken, nur die prunkvolle Fassade mit ihren vier Säulen, nach einem Entwurf von Baldassare Longhena, deutete an, dass sich hier eine glänzende Vergangenheit verbarg.

Im Frühjahr 1639 stürzte ein junger Mann, gut gekleidet, eines Tages zur Mittagszeit in den Beichtstuhl und bat den Pfarrer händeringend um Hilfe. Es sei ihm etwas passiert, er habe das gar nicht beabsichtigt. Nur ein jäher Wutanfall habe ihn bewogen, sich so hinreißen zu lassen. Er hörte nicht auf zu jammern, bis Don Francesco den Mann aufforderte, doch endlich klar zu reden.

»Ich habe ihn umgebracht, er hatte mich beleidigt.«

»Wen hast du umgebracht, wer hat dich beleidigt?«

Endlich redete der Mann, er hatte tags zuvor im Duell einen vornehmen Herrn erstochen, ganz in der Nähe, in der Gasse hinter dem Uhrturm, damals der Calle del Cappello. Nun, es war eigentlich kein Duell, der Herr hatte sich im Gedränge an sein Mädchen herangemacht und »mir ist die Wut so schnell hochgekommen, da bin ich ihm nachgelaufen, und in der stillen Gasse habe ich …« Und er begann bitterlich zu weinen.

Der Pfarrer von San Basso wusste genau, worum es ging. Der Tote, den man im nahen Kanal erstochen gefunden hatte, war ein bekannter Mann, Patrizier. Er sollte in gerade diesen Tagen ein hohes Amt übernehmen, und so dauerte es nur wenige Stunden, bis allgemein bekannt gemacht wurde, für Hinweise auf den Täter gebe es eine Belohnung von 4000 Dukaten …

Don Francesco blieb kurz stumm, dann redete er dem ohnehin Reumütigen noch mehr ins Gewissen und dachte dabei immer nur: »4000 Dukaten … 4000 Dukaten.« Das Jahreseinkommen einer Familie in glücklichen Umständen, zehnmal sein eigenes Jahreseinkommen, 4000 Dukaten …

»Das ist ein schweres Verbrechen, ich muss nachdenken, wie ich dir die Absolution erteilen kann. Geh in dich, komm morgen um die gleiche Zeit noch einmal hierher.«

Und der junge Mann ging. Der Pfarrer dachte nach.

Am Nachmittag besuchte er seinen Neffen Giorgio, der wohnte ganz in der Nähe, sie sahen einander recht oft.

»Höre, Gio', komme morgen Vormittag zu mir in die Kirche, setze dich in den Beichtstuhl, aber auf den Boden, warte, bis ich komme, und dann lausche. Ich darf nicht sagen, was ich sagen möchte, mich bindet das Beichtgeheimnis, aber du darfst ja alles. Mehr musst du jetzt nicht wissen, also bis morgen!«

San Basso heute

Als der junge Mann wieder zur Beichte kam, bekam er von Don Francesco eine lange Reihe von Gebeten als Sühne auferlegt, und er möge morgen nach getaner Buße noch einmal kommen, um eben diese Zeit.

Am nächsten Tag bog der beichtwillige Mörder wie tags zuvor beim zwölften Schlag der Mori auf dem Uhrturm auf die Piazzetta dei Leoncini ein, da fassten ihn die Sbirren der Quarantia criminal.

Die Torre dell'Orologio an der Piazza San Marco

Und so wurde der junge Mann aufgrund einer anonymen Anzeige verhaftet und wenige Tage später verurteilt, zum Tod. Ob er noch etwas zu sagen habe, wurde er danach gefragt.

Er hatte etwas zu sagen, und er wandte sich dabei an die höchste Instanz. »Herr Jesus!«, rief er, »wie kann es sein, dass etwas, das nur wir beide wissen, nur du und ich und kein Mensch auf dieser Welt sonst noch wissen kann außer dem Pfarrer von San Basso, wie kann es sein, dass ich dafür verurteilt werde?«

Einen Moment lang blieb es im Gerichtssaal still, dann entstand ein Tumult. Das Tribunal sandte auf der Stelle nach Don Francesco, der um eben diese Zeit schon wieder im Beichtstuhl saß – und zwar sogleich alles zugab, aber dennoch zur Folter geschleppt wurde, worauf er seine Missetat abermals gestand.

Der Mörder wurde trotz seiner Untat auf freien Fuß gesetzt – und erlebte ein ungewöhnliches Happy End. Man gab ihm drei Tage Zeit, das Territorium Venedigs zu verlassen – davon machte er gerne Gebrauch, zumal ihm der Gerechtigkeitssinn der Justiz zugestanden hatte, dass ja er selbst zur Aufklärung des Falls beigetragen hatte. Und deshalb fand er bei seiner Flucht in den Rocktaschen zweitausend Dukaten.

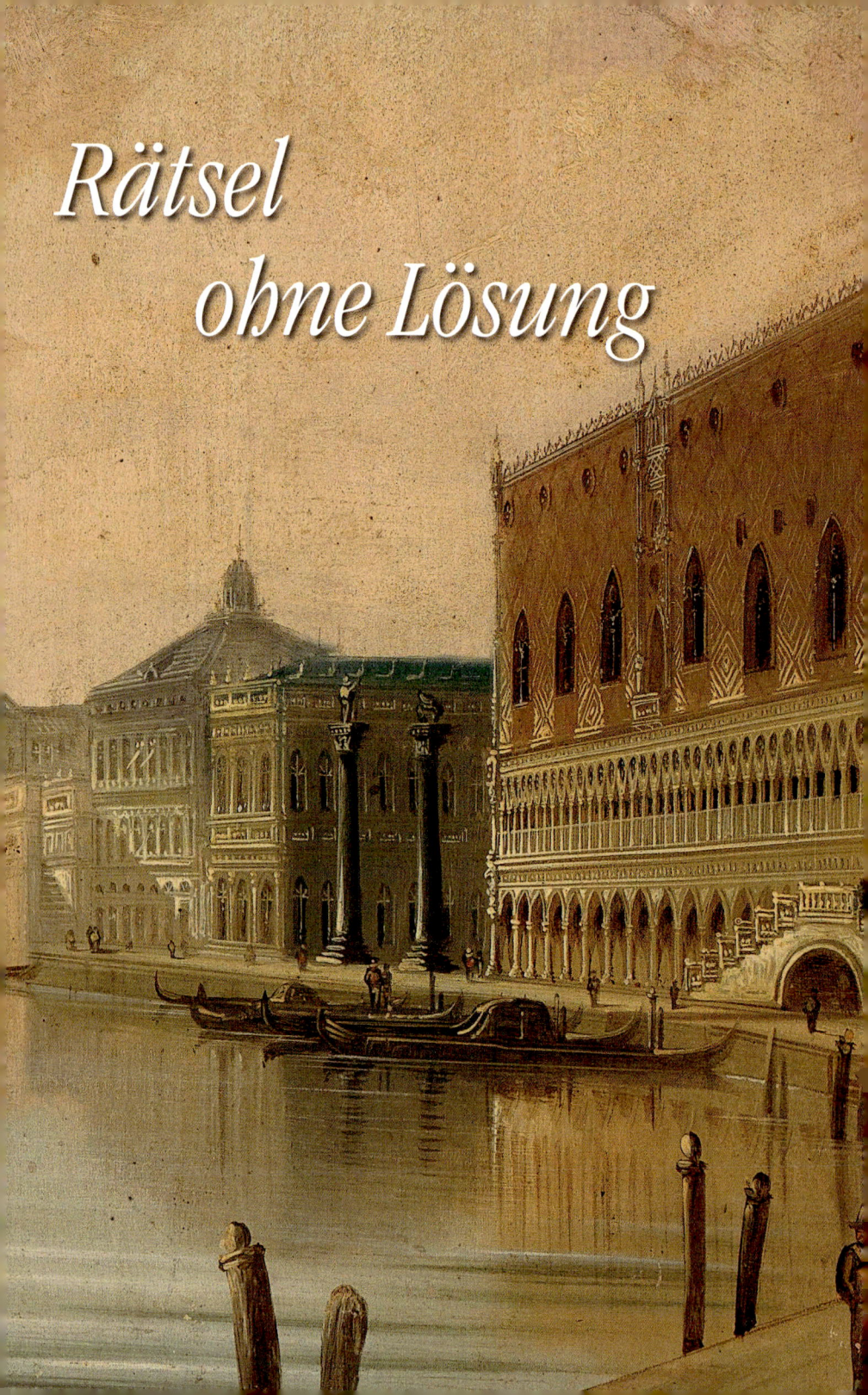

Rätsel ohne Lösung

Der Kochtopf-Mord

Immer, wenn das gewisse Zimmer aus erotischen Gründen besetzt war, sah man einen Kochtopf am Balkon. Dann wussten potenzielle Kundschaften, man musste entweder warten oder eine Alternative finden.

Rosa Masiero lebte vom Vermieten ihres sehr einfachen Appartements am Campiello Ca' Stella im Stadtteil San Canciano. Diese bescheidene Ausstattung genügte allen Ansprüchen – man brauchte ja nur ein Bett, ab und zu frische Bettwäsche, einen Waschtisch, basta.

Auch waren die Stammgäste nicht verwöhnt. Wollten sie sich unter luxuriösen Umständen verwöhnen lassen, so gab und gibt es ja in einer so hotelreichen Stadt genügend Möglichkeiten.

Und vor allem – die drei weiblichen Stammgäste der siebzigjährigen Rosa konnten ohnehin eher nur begrenzte Möglichkeiten anbieten. Sie waren zwischen fünfzig und sechzig Jahre alt, einst hatten sie in fashionablen Bordellen gearbeitet. Das wurde ihnen nicht nur mit den Jahren, sondern auch durch das sogenannte Merlin-Gesetz unmöglich. Dieses Gesetz aus dem Jahre 1958 hatte zur Schließung aller 560 Bordelle des Landes geführt.

Die drei Damen hatten ihre Künstlernamen: Nini la straccia – nicht gerade ein Kompliment, am ehesten Nini, der Fetzen –, Elvira la foca, die Robbe, allseits bekannt für ihren eigenwilligen Watschel-Gang, und Moby Dick, leicht zu erraten – ihrer Form halber.

Damals, zu Beginn der Sechzigerjahre des 20. Jahrhunderts,

gab es keinen Mangel an schnell zu mietenden Räumen, nahe den Fondamente Nove, wo die Schiffe aus der Lagune anlegen, die die Pendler von den Inseln ins Zentrum bringen. Vor allem die Arbeiter und Seeleute aus dem nahen kroatischen Istrien kamen gerne in dieses Quartier, günstig gelegen und günstig zu mieten.

Hilfreich waren Frauen wie Rosa Masiero, die den älter gewordenen Berufskolleginnen zwischen den Fondamente Nove und der Calle del Fumo nicht zu teure Kurzzeitwohnmöglichkeiten anboten.

Die Polizei war nicht untätig. Den Tricks und Listen der Vermieterinnen begegnete sie auf jede nur mögliche Weise – so installierte sie zum Beispiel auf einem Dach einen Beobachtungsposten, von dem aus die Eingangstüren der verdächtigen Häuser der Calle del Fumo gut zu sehen waren. Ja, es gab sogar immer wieder Ärger mit den Sittenwächtern, und die Vermieterinnen wurden ebenso wie die Kundschaften zu Geldstrafen verurteilt.

Madame Masiero vermietete ihr Liebesnest an ihre drei Dauerpartnerinnen um 700 Lire pro Einsatz, das entsprach damals ungefähr dem Gegenwert von € 35,-.

Damit kam sie pro Tag auf 12 000 bis 15 000 Lire, das war 1963 eine erhebliche Summe. Sie war in ihrer Gegend geachtet, man wusste, sie bezahlte ihre Rechnungen und blieb nicht bis zum nächsten Ersten schuldig.

Das ging so an die fünfzehn Jahre, dann war sie der ständigen Anzeigen aus der Umgebung, auch wegen der wiederholten Wege zur Polizei, müde und beschloss, sich zurückzuziehen.

Das Appartement bot sie zum Kauf an, um satte dreieinhalb Millionen Lire. Damit wollte sie ein Haus in der Gegend von Mestre erwerben, dort lebte ihre – ahnungslose – Schwester. Diese würde ihr bei der Suche helfen. Aber daraus wurde nichts.

Man sah Madame Rosa zum letzten Mal am 22. November 1964 am Campiello, ihrem Wohnort. Sie hatte auf dem Gemeindeamt ihre Bürgerpflicht erfüllt, es war ein Wahljahr, und dann wie immer ihre Zeitung gekauft.

Am nächsten Tag sollte sie ihr Immobilienprojekt mit der Schwester in Mestre besprechen, aber sie erschien nicht, auch nicht in den Tagen danach. Irritiert, dann ängstlich fuhr Madame Rosas Schwester nach Venedig, fand die Haustüre verschlossen, fragte beim Lebensmittelhändler, bei den Nachbarn – man hatte sie seit dem Wahlsonntag nicht mehr gesehen. Das Telefon wurde nicht abgehoben.

Sie ging zur Polizei. Die Haustüre wurde aufgebrochen, die Wohnungstüre, alles schien in Ordnung, nur ein Schrank war gewaltsam geöffnet worden – und Rosa Masiero lag tot auf ihrem Bett.

Man hatte ihr Hände und Beine mit Spagat gefesselt, einen Nylonstrumpf über den Kopf gezogen, den Mund geknebelt, ein Tuch um ihren Hals gewunden.

Die Polizei rekonstruierte den Ablauf des Verbrechens.

Die Masiero hatte offenbar den nächtlichen Besuch eines Bekannten gehabt und ihn entlassen. Er war bis zur Haustüre gegangen, hatte getan, als gehe er fort. Aber er wartete. Als die Hausfrau im Bett lag, wollte er sie mit dem Strumpf ersticken, dann erwürgte er sie.

Das Motiv wurde zum Rätsel: Ein Raubmord war das nicht. Das Geld als Anzahlung für das zu kaufende Haus lag bereit, auch ein Sparbuch mit hoher Einlage war unberührt.

Die Polizei war zuerst ratlos – aber dann wurde ein verlotterter Mann aufgegriffen, noch ohne jeden Verdacht, nur zu einer Kontrolle, der aber sofort brüllte: »Ich bin unschuldig, ich habe damit nichts zu tun!« Womit?

Man bekam heraus, dass er den drei Dauergästen von Madame Rosa, Nini, Elvira und Moby Dick, öfter einen Besuch abgestattet hatte – denn er war ein durch die Gasthäuser tingelnder Volkssänger von der Insel Burano und hatte hin und wieder seine Honorare auf diese Weise investiert.

Die Autopsie brachte weiteres Licht in die Affäre – offenbar war Madame Rosa während ihres Martyriums am Herztod gestorben. Der Täter hatte sich durch den unerwarteten Tod so geschreckt, dass er ohne Beute geflüchtet war.

Die drei älteren Damen wurden befragt. Nini, Moby, Elvira konnten sich all das selbst nicht erklären. Vielleicht eine alte Rache? Das tragische Ende einer Vergeltung?

Allerdings hatte Rosa Masiero ihren Entschluss, dem Gewerbe ein Ende zu machen, allenthalben rund um die Fondamente Nove erklärt, war allgemein damit schon auf die Nerven gegangen. Man wusste von ihren finanziellen Plänen.

Der Gitarrist aus Burano konnte eine lange Liste von Kunden der drei Vestalinnen in Madame Rosas Liebesnest erstellen – das hatte keine Folgen; man entließ ihn wieder, war auch seiner hysterischen Unschuldsbeteuerungen müde.

Dem *Gazzettino* vom 28.11.1964 unterlief noch ein gewaltiger Lapsus: Die Zeitung meldete, die berühmte Soubrette, der TV-Star Lauretta Masiero, vor siebenunddreißig Jahren nur fünfzig Schritte vom Haus am Campiello Ca' Stella geboren, habe am Höhepunkt ihrer Karriere ihre liebste Verwandte verloren – die jedoch dementierte auf der Stelle die peinliche Verwandtschaft, aber sie erwies sich immerhin als die Nichte zweiten Grades von Rosas Vater.

Der Fall wurde niemals geklärt.

Das blutige Becken

Der Campo San Canciano ist ein besonders schöner kleiner Platz, einige Bäume, winzige Geschäfte, ein Buchhändler, Haushaltswaren. Von den Tischen der kleinen Bar aus kann man die wunderbar schöne Miracoli-Kirche bewundern. In diese Idylle führt uns die nächste Bluttat.

An einem Sonntag, es ist der 16. Juli 1944, versuchte Aldo Furlanetto immer wieder, seine Schwester am Telefon zu erreichen, Laura. Sie war sechzig Jahre alt, unverheiratet, von Beruf Sprachenlehrerin, wohlhabend, im Umgang mit anderen Menschen außerordentlich zurückhaltend.

Sooft Aldo auch die Telefonnummer seiner Schwester wählte, sie war ständig besetzt. So machte er sich selbst auf den Weg zum Campo San Canciano, zu ihrer Wohnung im Sestiere Cannaregio. Sein Sturmläuten war sinnlos, die Türe blieb geschlossen. Auch die Raumpflegerin hatte die Wohnungsschlüssel, von ihr holte der Besorgte sie. Und er fand im Vorzimmer seine Schwester tot, in einer Blutlacke. Lauras Schädel war an einer Seite zertrümmert, am Oberkörper hatte sie mehrere Messerstiche erlitten.

Die zurückgezogen lebende Frau hätte niemals einen Fremden in ihre Wohnung eintreten lassen. Sie sah stets zuerst aus dem Fenster, wenn man an ihrer Türe läutete. Sie gab in ihrer Wohnung verschiedenen Schülern Privatunterricht, doch niemals an einem Sonntag. Nichts schien verdächtig, auch in den anderen vier Räumen. Dort lebte für gewöhnlich ein weiterer Bruder, der aber seit Monaten in Kriegsgefangenschaft war.

Santa Maria dei Miracoli

Es gab keinerlei Spuren – es fiel nur auf, dass der schnurlose Hörer des Telefons, in diesen Jahren eine Rarität, nicht an seiner Stelle lag, wodurch man nur das Besetztzeichen hören, aber keine Verbindung bekommen konnte.

Das war wohl die Absicht des Mörders, der nur eine einzige wirkliche Spur hinterlassen hatte. In der Küche stand auf einem Tisch ein großes Lavoir, blutbefleckt. Der Täter hatte offensichtlich nach dem Mord seine Hände gewaschen.

Zwar gab es Spuren von Männerschuhen, doch die mussten nicht unbedingt vom Mörder stammen.

Die *Gazzetta Veneta* berichtete am nächsten Tag, die Wohnung sei in heillosem Durcheinander gewesen, was nicht stimmte, Laden und Schränke habe man aufgebrochen und durchwühlt, offenbar auf der Suche nach Bargeld. Signora Furlanetto hatte in den vergangenen Tagen von der Cassa di Risparmio eine bedeutende Summe abgehoben, das eruierte man. Auch in anderen Blättern war nichts von Bedeutung zu dem Fall zu erfahren.

Und dabei ist es geblieben. Die Behörden gingen routinemäßig ans Werk, neue Indizien fanden sich nicht. Und so wurden die spärlichen Unterlagen eines Tages ad acta gelegt, der Mörder wurde nie gefunden.

Der hilfsbereite Motorbootfahrer

Seit Stunden lag im Kanal vor dem Krankenhaus von Fatebenefratelli, im Stadtteil Cannaregio, ein Motorboot, es war im Weg. Der Spitalsportier rief die Polizei an. Ihm waren zwei Typen aufgefallen, die das Boot in großer Eile verlassen hatten, nachdem sie es am Ufer an einer Stange festgezurrt hatten.

Die Beamten der städtischen Polizei erkannten sogleich, dass der Knoten so dilettantisch war, dass das Boot bei nächster Ebbe abgetrieben worden wäre.

Sie gingen an Bord und erlebten einen auch für solche Profis schauerlichen Anblick: ein blutüberströmter Körper, gefesselt, der Kopf zertrümmert, der Mund geknebelt. Daneben ein Tuch, getränkt mit einem Betäubungsmittel, rundum Spuren eines Kampfes mit offenbar verzweifelter Gegenwehr des Opfers.

Die Autopsie ergab, dass zwei Kopfschüsse die Todesursache waren. Die Polizei erkannte in dem Toten den abgängigen Egidio Spezzamonti, neununddreißig Jahre alt, Vater einer kleinen Tochter, beschäftigt als Motorbootfahrer bei einer Vermieterfirma.

Am Vortag hatte ein verdächtig aussehender Kerl, klein, von kräftiger Statur, starke Brillen mit dicken Linsen, an der Riva degli Schiavoni vor dem Hotel Gabrielli-Sandwirth nach einem Wassertaxi gefragt, das er dringend benötige.

Er hatte ein Medizinfläschchen in der Hand, musste schnellstens auf die Giudecca kommen, um zwei Mädchen abzuholen und sie zum städtischen Spital auf der Insel Sacca Sessola zu bringen. Dort werde man von einem gerade von der Tuberkulose geheilten Patienten erwartet.

Man beeilte sich, einen Fahrer aufzutreiben, was nicht einfach war. Spezzamonti hatte an sich keinen Dienst, fuhr aber wegen des Notfalls eiligst los.

Mehrere Fischer in ihren Booten beobachteten das auffallend rasant fahrende Motorboot, wie sie später angaben. Und an der Giudecca nahm der Fahrer nicht zwei Mädchen an Bord, sondern zwei Männer, das wurde von mehreren Zeugen bestätigt. Sie hatten eine große Ledertasche bei sich.

Ein Gondoliere berichtete, ihm sei seltsam erschienen, dass das Motorboot seine Geschwindigkeit gedrosselt habe, die Route geändert, rückwärts gefahren sei, gelenkt nicht mehr von Spezzamonti, sondern von dem verdächtig wirkenden Mann mit den dicken Augengläsern.

Der Mann mit der Ledertasche war nicht zu sehen, und ein zweiter Gondoliere bestätigte, dass nur mehr zwei Männer an Bord waren. Sie hatten ihm ein langes Seil zugeworfen, er möge sie damit in Richtung Ospedale ziehen, zum Rio dei Zecchini. Das habe er getan, angekommen, erhielt er 500 Lire, was zu dieser Zeit, Ende der Vierzigerjahre, ein anständiger Lohn war.

Die Untersuchungen der Polizia Municipale zogen sich über Wochen. Man vermutete einen Streit zwischen Drogenhändlern, Eifersucht, was auch immer. Aber nach und nach wurden politische Hintergründe des scheinbar einfachen Falles deutlich.

Man hatte fast ein Jahr zuvor den Mord an einem englischen Offizier aufzuklären gehabt, Victor Ring. Der Fall hatte tief in die Szene von Spionage, Schmuggel, Glücksrittertum der Nachkriegszeit geführt. Jetzt wurde auch in dieser Richtung ermittelt.

Nach der Ankunft des UN-Unterhändlers Graf Folke Bernadotte am 20. Mai 1948 in Palästina wuchs die Aufregung in Venedig. Etliche Hundert ausreisewillige, ja ausreisesüchtige Menschen warteten in Hotels, in Notstandquartieren, selbst im Freien auf die Weiterreise nach Palästina.

Juden, die dem Holocaust entkommen waren und sich für eine Zukunft im jungen Israel entschlossen hatten, ebenso wie Desperados jeder Art, zwielichtige Figuren aus verschiedenen Ländern Europas, die einfach weg von hier wollten, wohin auch immer – und viele Gauner nutzten die Gelegenheit.

Da wurden Schiffsreisen versprochen, angezahlt, ausbezahlt – und endeten in Mordanschlägen. Visa in den Nahen Osten wurden ausgestellt – und hatten keine Gültigkeit.

So nahm man nach einigen Wochen an, der ermordete Motoscaffista sei in solche Kreise geraten, hier liege das Motiv.

Dann aber kam erneut die Annahme auf, er sei in den florierenden Drogenhandel involviert gewesen, und endlich kam man zu dem Schluss – er war ein Zeuge, unfreiwilliger Zeuge. Der arme Motoscaffista habe zu viel gesehen. Und deshalb musste er sterben.

Justizirrtümer

Foscarini
Der Dank des Vaterlandes

»So sehr sich die Edlen beeiferten, den Gesetzen treu zu bleiben, so war doch die verruchte Bande von Spionen so keck, die Rechtschaffensten unter ihnen bey den drei Inquisitoren des Staates anzuschwärzen. Dieses Unglück betraf unter anderen den Cavalier und Senator Antonius Foscarini, den Oheim des Procurators Hieronymus Foscarini, der seinem Vaterland so große Dienste geleistet hat.

Der Cavalier Foscarini war gewohnt, sich alle Abende durch seine Kammerdiener auskleiden zu lassen, als ob er zu Bette gienge. Heimlich aber kleidete er sich wieder an, und gieng außer Haus, zu einer Dame, mit der er einen Theil der Nacht zubrachte.

Unglücklicher Weise wohnte diese Dame nicht gar weit vom Pallaste des französischen Gesandten. Die Spione hatten ihn in der Straße gesehen, die dahin führt, und es angezeigt, auch dafür ihre Belohnung erhalten.«

So beginnt eine schreckliche Episode im frühen 17. Jahrhundert. Zwar geht sie mit einer Art Happy End aus, aber der Hauptbeteiligte hatte davon nichts mehr. Er war tot.

Antonio Foscarinis Familie begann ihren Aufstieg erst spät, um das Jahr 1600. Ab dieser Zeit stellte sie mehrere Procuratoren und im 18. Jahrhundert den 117. Dogen.

Antonio wurde zweimal als Gesandter Venedigs nach Paris geschickt, verbrachte dort mehrere Jahre und geriet aus Gründen, die wir heute nur schwer begreifen könnten, in große Schwierigkeiten. Dass er sich, wenig diplomatisch, in Frankreich als ein Gegner des Papstes gezeigt hatte, machte man ihm ebenso zum Vorwurf wie sein öffentliches Auftreten – er sei, als offizieller Vertreter der Serenissima, schlecht und nachlässig gekleidet.

Das Hauptproblem aber verursachte sein eigener Sekretär, Guido Muscurno. Der Gesandte habe sich mit Spaniern eingelassen, habe Geheimnisse verraten. Als Foscarini gegen Jahresende 1615 heimkehrte, wurde er sofort verhaftet und kam erst nach drei Jahren wieder frei. 1618 wurde er von aller Schuld freigesprochen, man hatte Beweise gesucht, jedoch keine gefunden.

Rehabilitiert, wurde er 1620 zum Senator berufen. Ab nun gibt es in Venedig wenigstens zwei Versionen.

Da ist die eine mit den heimlichen Damenbesuchen, und da die andere: Foscarini habe die englischen Aristokraten Althea Talbot Arundel und ihren Ehemann Thomas Howard, 21. Earl of Arundel, mehrmals besucht, sie waren zu Gast im Palazzo Mocenigo am Canal Grande. Dort soll er mit verschiedenen Ausländern zusammengekommen sein und habe Staatsgeheimnisse verraten.

Neben zwei Spionen der Serenissima sagte auch der Kammerdiener des spanischen Botschafters aus. In der Tat hatte Foscarini seine heimlichen abendlichen Gänge zu Arundels Frau gemacht, gab das aber beim Verhör nicht zu.

Foscarini wurde also abermals verhaftet, ins Gefängnis geworfen und dort erwürgt. Der entseelte Leichnam wurde auf die Piazzetta geschleppt und, geschunden und entstellt, mit dem Kopf nach unten zwischen den Säulen aufgehängt – das war die Bestimmung für Hochverräter.

Dem Rat der Zehn und den staatlichen Agenten muss aber

In San Stae fand Antonio Foscarini seine letzte Ruhe.

doch nicht ganz wohl in der Angelegenheit gewesen sein. Jedenfalls forschte man weiter, und endlich gab der Kammerdiener zu, er habe im Auftrag zweier Spione gelogen, er habe Foscarini nicht ein einziges Mal beim Botschafter von Spanien gesehen.

So rehabilitierte der Rat der Zehn den toten Foscarini knapp ein Jahr nach seinem Tode. Der Leichnam wurde exhumiert und diesmal feierlich beigesetzt. Alle Höfe Europas erhielten die offizielle Information über das nicht gerechtfertigte Urteil. In der Kirche San Stae am Canal Grande, nahe dem heute längst abgerissenen Palazzo der Familie, bekam der Tote Grab und Denkmal.

Hätte er nicht die Ehre der an diesen gewissen Abenden besuchten Dame geschützt, sein Schicksal wäre wohl anders verlaufen …

Glück?
Unglück!

Dass ein Doge wie Marino Falier mit seinem ungewöhnlichen Schicksal zum Gegenstand von Kunstwerken wird, mag niemanden wundern. Ebenso selbstverständlich ist der Weg von Genies wie Richard Wagner oder Giuseppe Verdi und ihrer Beziehung zu Venedig in das Reich des Films. Aber ein Bäckerlehrbub?

Il fornaretto hieß das Drama in fünf Akten von Francesco dall'Ongaro, 1846 in Triest erschienen.

Es wurde mehrmals verfilmt – *La storia del fornaretto di Venezia o Il povero fornaretto* heißt die Version aus dem Jahr 1923, Regie Mario Almirante. Bis zum Ende der Stummfilmjahre konnte sich dieses erfolgreiche Werk behaupten.

1959 führte Mario Landi bei einer TV-Verfilmung Regie.

Doch über all das hinaus reicht die langfristige Wirkung dieses Falls.

»Recordéve del povero fornaretto« – »Erinnert euch an den armen Bäckerbuben«, diese zur Gesetzesformel gewordenen Worte hatte der Sekretär des Rates der Zehn an dessen Mitglieder zu richten, wenn sie knapp davor waren, ein Urteil zu fällen, das ausschließlich auf Indizien basierte. Selbst wenn der Angeklagte schon gestanden hatte, fielen diese warnenden Worte, denn Geständnisse waren oftmals die Folge schwerer Folter.

Eine zeitgenössische Schilderung dieses wahren Falls des Jahres 1507: »In der Nacht wurde von Wächtern der Comune eine Leiche gefunden, in der Brust ein Trentiner Messer, in seiner Nähe stand ein junger Fischer, der alles beobachtete, er hielt eine Dolchscheide in der Hand.«

Das »Trentiner Messer« hat eine andere Form als Dolche und Messer in anderen Regionen. So erkannte der Fachmann gleich, ob es sich um eine Waffe aus Lazio, der Basilicata oder eben aus dem Trento handelte. Und der hier genannte Fischer ist in allen anderen Quellen ein junger Bäcker.

»Man nahm ihm die Scheide ab und stellte fest, sie passte exakt zum Dolch in der Wunde des Toten.«

So nahm man den Burschen auf die Polizeiwache mit und übergab ihn sogleich den Folterknechten. Da gestand er nun sehr rasch, was er ja in der Tat gar nicht begangen hatte, und erfuhr auch gleich das Todesurteil und dessen Ausführung. Das war am 22. März 1507.

In diesen Tagen wurde auch ein Bandit im Kerker festgehalten, der nach wenigen Tagen, knapp vor der Hinrichtung, zugab, er und nicht der junge Mann habe den Mord begangen. Seither erinnert der Sekretär des Rates der Zehn vor jedem Urteil nach einem Indizienprozess mit lauter Stimme an diesen Fall.

Die Version des Dichters Francesco dall'Ongaro ist anders. Hier heißt der Junge Pietro Tasca, in der venezianischen Überlieferung hingegen Pietro Faciol.

Er ist mit einem Mädchen namens Amelia verlobt, Dienerin bei der Patrizierfamilie des Lorenzo Barbo, Mitglied im Rat der Zehn.

Eines Tages findet der junge Bäcker auf seiner morgendlichen Liefertour die Leiche des Edelmannes Alvise Gnoso, eines gefürchteten Schürzenjägers, den Pietro nie mochte, sei es, weil er seiner Schwester nachstellte, sei es, weil er Amelia schöne Augen machte.

Jedenfalls hatte er ihn immer wieder im Palazzo Barbo gesehen – was allerdings der schönen Hausfrau Clemenza galt, Lorenzos Gattin. Und während er noch dasteht, unschlüssig, was er nun zu tun habe, nehmen ihn gerade vorbeikommende Polizisten fest.

Man stellt Nachforschungen an, auch im Palazzo Barbo, und um ihre in schiefes Licht geratene Herrin zu schützen, behauptet Amelia, die nächtlichen Besuche hätten stets ihr gegolten. Und damit hatte der verdächtige Pietro Faciol auch gleich ein Motiv.

Lorenzo gesteht den anderen Ratsmitgliedern seinen Eifersuchtsmord an Alvise Gnoso, aber es ist zu spät, der Bäckerlehrling ist schon hingerichtet worden.

Das Drama wurde 1855 in Turin im Teatro Carignano uraufgeführt, mit großem Erfolg und vielen weiteren Vorstellungen. Außer der literarischen Folge und den Filmen hat der arme Bäckerlehrbub noch eine Spur hinterlassen.

Wenn man die Porta della Carta zwischen der Basilica von San Marco und dem Palazzo Ducale durchschreitet, kann man zuvor links oben an der Fassade der Kirche zwei rote Laternen beobachten, heute längst elektrisches Licht, bei Tag ausgeschaltet. Sie erinnern an den nahen Hinrichtungsplatz und sollen der Buße der Serenissima für den Justizmord an Pietro Faciol dienen.

Glossar

Abate · Abbé, hat die niederen Weihen empfangen
Bleikammern · Staatsgefängnis der Serenissima
Bravi · Gemietete Schurken, gewaltbereit, einst ein eigener Berufsstand
Brevensekretariat · Untersteht dem Kardinalstaatssekretär. Mit Breven werden die schriftlichen Verlautbarungen des Papstes bezeichnet.
Ca' · Kurzform von Casa
Condottiere · Stets übersetzt mit Söldnerführer. Meint also nicht einfach »General«, ist eher ein Generalunternehmer, der Anführer einer *Condotta*, einer Gruppe, die für Sold arbeitet.
Dogado · Die gesamte Amtszeit eines Dogen, aber auch das erste von Venedig eroberte Gebiet. Gebiet an der Küste, von Grad bis Chioggia
Exarch · Byzantinischer Bischof, zeitweise auch Titel eines höheren Beamten, hier: Bischof
Großer Rat · Oberstes Gremium der Serenissima, seit 1506 festgelegt. Männliche Mitglieder der ersten Familien wählten den Dogen und andere der höchsten Amtsträger.
(Heiliges) Offizium · Das älteste und höchste Amt in der römischen Kurie
Magister Militum · Heermeister – ein mit dem Niedergang des Römischen Reichs entstehendes, an Bedeutung wachsendes Amt
Messer Grande · Hohes Amt, einzig dem Rat der Zehn unterstellt, Kommandant der Sbirren, am ehesten ein Polizeichef

Molo · Hafendamm
Peloton · Kleine militärische Formation
Pippin III. · 714–768, König der Franken, Vater Karls des Großen. Seine Schenkung von Ländereien an den Papst begründete den Kirchenstaat (»Pippinsche Schenkung«).
Podestà · Hier – Gouverneur. Seit dem Faschismus – Bürgermeister.
Procuratore di San Marco · Hohes Ehrenamt, Patrizier, drei waren zuständig für San Marco, u. a. in der Vermögensverwaltung.
Quarantia criminal · Kriminalgerichtshof, Subfunktion des Rates der Vierzig
Rat der Vierzig · Darin steckt das lateinische Quaranta = 40, daher auch die »Quarantia«. Oberster Gerichtshof.
Rat der Zehn · Gegründet 1310, zuerst Gerichtshof und Polizeibehörde, Machtzuwachs durch die Jahrhunderte, ab 1590 wieder auf die ursprüngliche Funktion reduziert
Republik von Salò · Der letzte Herrschaftsbereich des Faschismus, »Hauptstadt« war Salò am Gardasee von 1943 bis 1945.
Sbirren · Beamtete Schergen, Polizisten
Scuola · Eine wohltätige Vereinigung von Laien in Kooperation mit einer Pfarre, deren Namen sie trägt, zum Beispiel die Scuola Grande di San Marco
Signori di notte · Hohe Polizeifunktion, in jedem Sestiere jeweils nur einmal vertreten, zuständig für verschiedene Vergehen und Verbrechen, wie Mord, Raub, Bigamie, Vergewaltigung, nächtlichen Aufruhr etc.

Bibliografie

Elio Baracca, »*50 anni professionista dell'imobiliare*«, Manuskript *Bellunopress*, 3.1.2013

Friedrich Johann Le Bret, *Staatsgeschichte der Republik Venedig von ihrem Ursprunge bis auf unsere Zeiten*, Riga 1777

Marcello Brusegan, *Miti e leggende di Venezia*, Rom 2007

Angelo Caracciolo Aricó (Hrsg.), *Le vite dei Dogi*, Padua 1989

Lavinia Cavaletti, *La dinastia Stucky 1841–1941*, Venedig 2011

Claudio Dell'Orso, *Nero veneziano*, Treviso 2004

Hugo Friedländer, *Interessante Kriminalprozesse. Der Tarnowskaprozeß*, Berlin 1911

La Gazzetta di Venezia, Februar bis Mai 1910

Il Gazzettino di Venezia, November/Dezember 1964

Il Gazzettino di Venezia, 22.7.1970

Il Gazzettino di Venezia, 28.7.1970

Il Gazzettino di Venezia, Jg.1910, 1964

Francesco Griselini, *Denkwürdigkeiten des berühmten Paolo Sarpi*, 1761

E. T. A. Hoffmann, *Doge und Dogaressa*, Wien 1910

Alexander Lernet-Holenia, *Die Geheimnisse des Hauses Österreich*, Zürich 1971

Fulgenzio Micanzi, *Vita del Padre Paolo*, Leyden 1624

DER SPIEGEL, Heft 46/1988

Ruggero Tinacci, *Tote in Venedig, eine Sammlung*, Manuskript 1951 bis 1977

Alberto Toso Fei, *Veneziaenigma*, Treviso 2004

Nicolò Trevisan, *Cronaca veneta dalle origini al 1585*, Biblioteca nazionale Marciana

H. J. Ulrich, M. Wolffram, *Giordano Bruno, Dominikaner, Ketzer, Gelehrter*, Würzburg 1994

Register
Personen, Orte, Themen

Abdoll, Arbit 159
Acquapendente,
 Girolamo F. 94
Agram 175
Ägypten 108
Ala, Hotel 33
Alasdair, Schotte 72
Alighieri, Dante 119
Allen, Woody 165
Anafesto, Paoluccio 127
Ancona 24, 93
Apotheke 89, 102
Aretino, Pietro 116
Aristoteles 99
Arsenal 139f, 142
Arundel, Earl of
 (Thomas Howard)
 204

Baracca, Elio 68f, 72, 74
Barbaro, Palazzo 158
Barbaro, Vincenzo
 159
Bardi, Enrico Graf 50
Bassanella, Elena 47
Bassani, Giorgio 84
Bassi, Elsa 166ff
Bastian, Medium 178
Bella, Gabriele 12
Belluno 20
Bellunopress 20
Belmondo, Professor 42
Bergamo 111
Berlin 33
Bernadotte, Folke Graf
 200

Berry, Duc de 50
Bevilacqua, Michele
 112
Bianchi, Dr. 42
Biblioteca Marciana 58,
 93
Biennale 81
Blasich, Raoul 164
Bleikammern 47, 182
Bocca di leone 9
Bologna 94
Bordelle 34, 81, 191ff
Borgewski, Graf 35f
Borghese, Scipio 93, 96
Boscaro, Cesarina 7f
Boxkampf 168
Bracciolini, Grafen 31f
Bragadin, Marcantonio
 65f, 69
Bravi 46ff, 118
Brescia 94, 111, 120ff
Brevensekretariat 96
Briggs, Charles 162
Brindisi 21
Brown, Randon 159
Bruniera, Giovanni 80ff
Bruno, Giordano 90,
 98ff
Burano 194
Busenello Giovanni
 Francesco 48
Bussone, Francesco 119
Byron, George 107,
 133, 138
Byzanz 90, 124, 127f,
 130, 147

Ca' Dario 158, 162,
 164f
Ca' Foscari 113
Ca' Rezzonico 102, 104
Calergi, Familie 44ff
Calle della Bissa 21
Calvinismus 99f
Camorra 7
Campo de' Fiori 90,
 104
Cappelletti, Dr. 42
Cappello, Lucrezia 58
Carmagnola 119ff
Carrera, Raul 162
Casino degli spiriti 22,
 64, 74
Cavalli, Francesco 48
Ceneda 20, 22
Chioggia 44, 129
Cimetta, Linda 20ff, 64
Cini, Vittorio Graf 84
Codussi, Mauro 60
Collalto, Juliana von 86
Como 170
Conforti, Giovanni 142
Contarini, Andrea 12
Contarini, Gasparo 64
Contarini, Giorgio 64
Contarini, Giovanni
 118
Contarini dal Zaffo,
 Palazzo 22, 64, 66ff
Cornaro, Caterina 64
Cornaro, Francesco 146
Cornaro, Giorgio 147f,
 150

— 212 —

Cornaro, Giovanni 146
Cornaro Giovanni d. Ä. 146ff
Cornfeld, Bernie 30
Corte Coppo 24
Cosa Nostra 7
Cremona 111

dall'Ongaro, Francesco 206f
D'Annunzio, Gabriele 158
Damnatio memoriae 129, 133, 138
Dandolo, Enrico 130
Dario, Giovanni 158f
Dario, Marietta 159
Delacroix, Eugène 107, 133
Dogenpalast (Palazzo Ducale) 10, 23, 107f, 113, 122, 129, 133, 138, 208
Dolfin, Familie 45, 145, 147
Dominikaner 98
Donà, Familie 113, 115
Donizetti, Gaetano 133
Dübell, Richard 9

Einstein, Albert 170
El Cargnio 157
England, Bank von 30f
Erizzo, Nicola 113
Este 18
Exarch 127

Fabriaco, Giovanni 127
Faciol, Pietro 207f
Falier, Marino 107, 126, 129ff
Famagusta 65f
Faschismus 10, 129

Fatebenefratelli, Spital 198
Ferrari, Fabrizio 164
Ferruzzi, Serafino 165
FIAT 165
Florenz 42, 90f, 165
Florian, Café 80
Fondamenta Mendicanti 63
Fondamenta Nove 22
Foscarini, Familie 203ff
Foscari, Francesco 12, 107ff, 117
Foscari, Jacopo 111ff
Frankfurt a. M. 100, 102
Frankreich 50, 75, 90, 92, 99, 145, 165, 204
Franz Joseph I., Kaiser 29
Franzensbad 40
Friedländer, Hugo 33
Friedrich, Erzherzog 140

Galilei, Galileo 90, 96, 100
Gammastrahlen 170ff, 172
Gardini, Raul 165
Gattamelata 117
Gazzetta di Venezia 8, 43, 199
Gazzettino 8, 11, 33, 74, 81, 171, 194
Genf 99
Genua 40, 42, 120, 130
Ghetto 10
Giordano delle Lanze, Filippo 163
Goethe, Johann W. 103
Gradenigo, Familie 134
Grassi, Palazzo 80f, 84
Grimani, Vincenzo 44

Griselini, Francesco 90, 92, 96
Guggenheim, Peggy 158

Habe, Hans 34
Hamburg 79, 165
Hayez, Francesco 107, 124, 133
Heinrich III., König 99
Helmbrecht, Meier 119
Helmstedt 100
Hoffmann, E. T. A. 133ff, 138
Holmes, Sherlock 9
Howard, Thomas (s. Arundel)

Inquisition 90, 98f, 103

Jack the Ripper 9
Jaffa 64f
John, Elton 165
Josef II., Kaiser 91
Juden 10, 172, 200
Jüdischer Friedhof 169

Kamner, Familie 30ff
Karl V., Kaiser 64
Kiew 35f
Komarowska, Gräfin 42
Komarowski, Pawel Graf 36, 38ff
Konklave 92
Konstantinopel 129f
Korfu 48
Kossuth, Lajos 139
Kreta 44, 50, 113, 163

Lambert, Christopher 164
Le Bret, Johann Friedrich 148
Leipzig 173

Leon, Donna 9
Lernet-Holenia, Alexander 12, 29f, 32
Leyden 94
Llull, Ramon 102
Lockenwickler 18
Lombardo, Pietro 60, 158
London 9, 30f, 99, 164
Longhena, Baldassare 183
Longhi, Pietro 12
Loredan, Palazzo 44
Loredan, Pietro 108, 111f, 118 121
Louis Philippe, König 139
Lucchesi-Palli, Ettore Graf 50
Lugano 169
Lupanio, Galla 128
Luxemburg 169f

Mafia 7
Mailand 57, 111, 117, 119ff, 124, 139, 142, 166ff, 170f
Malamocco 127
Malipiero, Alessandro 92
Mameluken 65
Mani pulite-Prozess 165
Manin, Campo 24
Manin, Daniele 24, 139
Mantua 44, 49
Manzoni, Alessandro 119
Mao Tse-tung 169
Marburg 100
Marco e Todaro 9, 19, 58, 124, 156
Marghera 84
Margotti, Lanfranco 95f

Maria Antonia, Erzherzogin 29
Maria Carolina, Prinzessin 50
Marsili, Emilio 89
Martinovich, Johann v. 140, 142
Mastellari, Ante 177ff
Mastellari, Mirko 177
Maurier, Daphne du 7, 9
Merlin-Gesetz 191
Mestre 11, 192f
Mexiko 162
Micanzi, Fulgenzio 94f
Mnemotechnik 100, 102
Mocenigo, Giovanni 100ff
Mocenigo, Palazzo 104, 204
Mocenigo, Tommaso 109f
Mogliano 77
Monaco, Mario del 162
Montedison 165
Mordente, Fabrizio 100
Morosini, Francesco 146
Morselli, Psychiater 42
Moskau 36
Motoscaffo, Motoscaffista 70, 200
Münsingen 76
Museo Correr 86
Mussolini, Benito 10, 168

Nani, Marina 108
Napoleon 75
Naturphilosophie 99
Naumow, Nikita 36, 38f, 40ff

Neapel 42, 93, 98f
Nola 98

Orso Diodato 127f
Orso Ipato 127
Osmanen 50, 146
Oxford 99

Pachmann, Robert 29
Pachmann, Theodor 29
Padua 8, 42, 64, 100, 122, 129
Palästina 200
Palermo 9
Paletto 143
Palma de Mallorca 102
Papst 89f, 92f, 98, 104, 128, 130, 144f, 183, 204
Paris 9, 99, 203
Paul IV., Papst 98
Paul V., Papst 93
Peloponnes 130, 146
Perier, Kammerfrau 39, 42
Perücke 18
Pest 111, 130
Petacci, Clara 168
Piave Francesco Maria 107
Piazzetta 9, 13, 25, 113, 124, 132, 156, 183, 185, 204
Pippin III., König 128
Pius VII., Papst 92
Pizzigani, Cesco 60, 63
Podwolotschyska 41
Poma, Rodolfo 93
Ponte della Paglia 17
Porta della Carta 107, 113, 208
Portogruaro 80
Pozzo 17

Prada, Juan Manuel de 9
Prag 9, 100, 139
Prato 8
Prilukow, Donato 36, 38, 40
Priuli, Antonio 144ff
Priuli, Familie 108, 146f
Priuli, Matteo 145
Proletariat 116

Quarantia Criminale 154, 185
Querini Stampalia, Palazzo 12
Querini Stampalia, Familie 48

Radioaktivität 167ff
Rat der Vierzig 135, 137f
Rat der Zehn 9, 46ff, 58, 90, 95, 112f, 115, 122f, 130, 144f, 147f, 150, 159, 204ff
Rat, Großer 44, 50, 64, 90, 134, 148f
Ravenna 93, 127f
Regnier, Henri de 161
Reißverschluss 173
Remin, Nicolas 9
Rio della Croce 56
Rio di San Biagio 75, 82
Rio di Santa Fosca 92
Rio dei Zecchini 199
Riva degli Schiavoni 198
Riva di Biasio 153
Rom 7, 9, 89f, 92f, 95, 98f, 103, 128, 144f, 147
Roncalli, Angelo 183
Rothe, Anna 177
Roulette 166ff, 171

Rudolf, Kronprinz 29f
Rudolf II., Kaiser 100
Rusk, Graf 35, 41
Russland 7, 34, 40f

Sachsen 100
Sachsen-Anhalt 7
Sagredo, Pietro 149
Salò 10
San Basso 183f, 187
San Biagio 141
San Canciano (Stadtteil) 191
San Francesco della Vigna 124, 142
San Geminiano 75
San Giorgio Maggiore 92, 138
San Polo 125, 148, 150, 156
San Samuele, Pfarre 102
San Stae, Pfarre 102, 124, 205
San Stino di Livenza 7
San Trovaso 17
Sankt Gallen 173
Sansovino, Jacopo 75, 116, 138
Sant'Andrea, Fortezza 179f
Santa Fosca, Campo 89, 92
Santa Lucia, Bahnhof und Kirche 20, 39, 153, 156, 175
Santa Margherita, Campo 17
Santa Maria del Giglio, Campo 33, 179
Santa Maria Formosa, Campo 10ff, 44
Santa Trinità, Pfarre 94
Santelli, Annamaria 46

Santi, Demetrio Graf 47f
Santi Apostoli, Campo 39
Santi Apostoli, Kirche 47
Santi Biagio e Cataldo 75, 78, 82, 86
Santi Giovanni e Paolo, Basilica 22, 48, 66, 90, 110
Sanudo, Giovanni 58
Sanudo, Marin 25f
Sardi, Luigi 21ff
Sarpi, Paolo 89ff
Sbirren 154, 185
Scamozzi, Vincenzo 46, 66
Schoppe, Kaspar 89
Schottland 68
Schwarzhandel 20
Scuola Grande di San Marco 60f
Selzer, Edwin 166ff
Senat 49f, 90, 95, 121, 144, 147
Serviten 89f, 94f
Seufzerbrücke 17, 47
Sguaseto 153
Sicari 93, 95
Sleiza, Leonhard 142f
Spezzatino 153
Spinalonga 86
Spiritismus 176f
Stahl, Baron 35
Stellungen (I modi) 116
Steno, Michele 134f
Strada Nova 89, 92
Stucky, Giancarlo 80, 83f
Stucky, Giovanni 76, 78ff, 86
Stucky, Hans 76

Stucky, Mulino 75, 80,
    83, 85f
Talbot, Althea 204
Tamassia, Dr. 81
Tanzi, Dr. 42
Tarnowska, Maria N.
    34ff
Tarnowski, Wassili W.
    35f, 40
Teatro Goldoni 8
Teatro la Fenice 82, 166
Teatro Malibran 171
Tel Aviv 64
Thäder, Frank 7
Tinacci, Ruggero 11,
    13, 72
Tolstoi, Graf 35
Toma, Bartolomeo 21
Tommaseo, Niccolò
    139
Tormai, Dr. 81
Torricelli, Evangelista
    96
Toso Fei, Alberto 24
Toulouse 99
Treviso 31, 86, 124, 129
Triest 112, 175, 206
Turin 119, 168, 208

Türkei 61, 65, 113
Twain, Mark 138

Udine 18
Uhrturm 9, 184ff
Umberto I., König 81
Ungarn 78, 130
USA 167, 172

Varrano, Augustiner 99
Varutti, Matteo 180,
    182
Vendramin, Familie 44,
    50
Vendramin-Calergi,
    Palazzo 44
Venezia-Syndrom 182
Venier, Antonio 113
Venier, Giovanni A. 144
Venier dei Leoni, Palazzo
    158
Verdi, Giuseppe 107f,
    206
Verona 39, 122, 139
Veronese, Paolo 90
Vicenza 7, 94, 122, 139
Vichy 172
Visconti, Filippo Maria
    119f

Visconti, Luchino 84
Viti, Michiel 94
Vittorio Veneto 20
Vogel, Baron, Polizeichef
    143
Volpi, Graf 84

Wagner, Richard 51,
    206
Wien 29, 31f, 77, 92,
    108, 130, 139, 166,
    171, 173, 175ff
Wieser, Carmen 7
Winterhalter, Martin O.
    169ff
Wittenberg 100
Worms 64
Wullekopf, Ernst 78f

Zannichelli, Giovanni
    89
Zara 48, 148
Zelarino 112
Zen, Renier 144ff
Zichy, Graf 142
Zorzi, Alvise 45
Zürich 100
Zypern 50, 64f, 66

Haydn-Bibliothek
2410 Hainburg/Donau
Farbriksplatz 1a
Tel.: 02165 / 62111-82